rowohlts monographien
begründet von Kurt Kusenberg
herausgegeben
von Uwe Naumann

Meister Eckhart

mit Selbstzeugnissen
und Bilddokumenten
dargestellt von
Gerhard Wehr

rororo bildmonographien

Rowohlt

Dieser Band wurde eigens für «rowohlts monographien» geschrieben
Den Anhang besorgte der Autor
Herausgeber: Klaus Schröter
Assistenz: Erika Ahlers
Schlußredaktion: K. A. Eberle
Umschlagentwurf: Werner Rebhuhn
Vorderseite: Unterricht im Mittelalter. Holzschnitt, Köln 1508
(Archiv für Kunst und Geschichte, Berlin)
Rückseite: Meditationsbild. Ein-Blatt-Holzschnitt aus dem
15. Jahrhundert
(Germanisches Museum Nürnberg)

Veröffentlicht im Rowohlt Taschenbuch Verlag,
Reinbek bei Hamburg, Januar 1989

Satz Times (Linotron 202)
Gesamtherstellung Clausen & Bosse, Leck
Printed in Germany
ISBN 978 3 499 50376 4

7. Auflage Januar 2008

Inhalt

Annäherung 7
Dimensionen mystischer Erfahrung 10
Deutsche Mystik vor Eckhart 18
Biographische Orientierung 26
Die lateinischen Werke 46
Die deutschen Werke 53
  Traktate 56
  Reden der Unterweisung 56
  Das Buch der göttlichen Tröstung 62
  Vom edlen Menschen 68
  Von Abgeschiedenheit 75
  Predigten 78
Themen und Gehalte Eckhartscher Mystik 80
  Die Gottesgeburt in der Seele 80
  Maria und Martha 86
  Leben von innen heraus 91
  Hüte dich vor dir selbst 94
  Wir preisen das Sterben in Gott 95
  Die Welt aus Gott heraus verstehen 97
  Von der Armut des Geistes 98
Zur Rezeptions- und Wirkungsgeschichte 108
Zum west-östlichen Dialog 125
Meister Eckhart heute 132

Anmerkungen 136
Zeittafel 143
Zeugnisse 144
Bibliographie 146
Namenregister 155
Über den Autor 158
Quellennachweis der Abbildungen 158

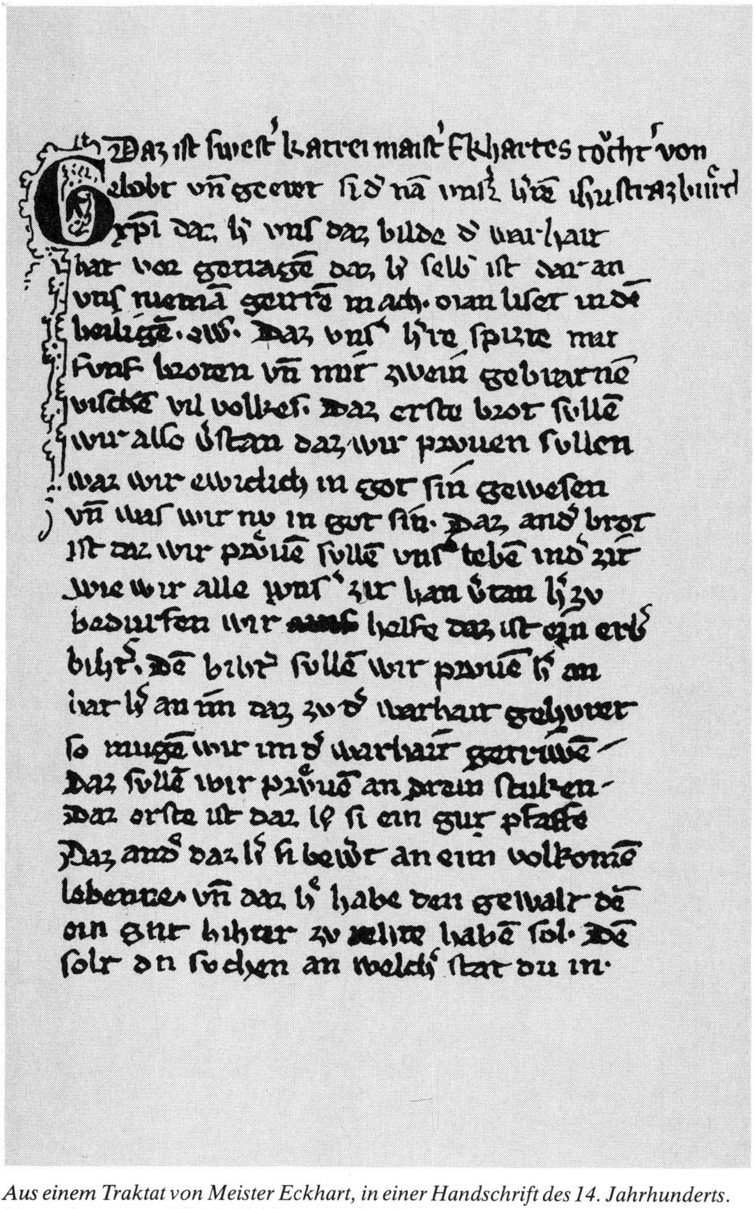

Aus einem Traktat von Meister Eckhart, in einer Handschrift des 14. Jahrhunderts. Ein authentisches Bildnis Eckharts ist nicht bekannt

Annäherung

Weiterhin leuchtet sein Name: Meister Eckhart, das Haupt der deutschen Mystik, Denker und Lehrer, Prediger und Schriftsteller, seit Jahrhunderten normsetzende Autorität eines Lebens aus dem Geist. Dabei spielt eine nicht unerhebliche Rolle, unter welchem Aspekt nach seinem Leben und Werk, vor allem nach seinem Werk, gefragt wird.

Der Germanist und Philologe wird sich beispielsweise nach dem besonderen Beitrag erkundigen, den Eckhart als Autor, als Meister der deutschen Sprache, als Sprachschöpfer geleistet hat; wie es ihm gelang, die lateinisch gefaßte Begrifflichkeit der mittelalterlichen Theologie dem Deutschen einzuverleiben. Der Geistesgeschichtler sieht diesen Autor im Zusammenhang der großen Tradition des abendländischen Denkens, die sich herleitet von Platon, Aristoteles und Plotin, von Origenes, Augustin und Dionysius Areopagita, Thomas von Aquin und Albertus Magnus einbeziehend. Sodann wird er Eckharts Rezeptions- und Wirkungsgeschichte zu Lebzeiten und in den nachfolgenden Jahrhunderten verfolgen. Dabei ist der Tatsache Rechnung zu tragen, daß ein nicht unwesentlicher Teil im literarischen Schaffen des «deutschen Mystikers» lateinisch gefaßt ist. Erst zusammen mit dem lateinischen Werk kommt der ganze Eckhart in Sicht. Philosophen und Theologen sehen in Eckhart schließlich den religiösen Denker, der, ausgestattet mit dem geistigen Rüstzeug der Scholastik, von der Seite der religiösen Erfahrung her auf Erfahrung hin gelehrt und gepredigt, als Seelsorger und als Menschenführer gewirkt hat – und bis heute weiterwirkt.

Diese Weiterwirkung drückt sich nicht am wenigsten in der Tatsache aus, daß der Mystiker Eckhart von Zeit zu Zeit die Menschen heimsucht, indem er als *Lesemeister* wie als *Lebemeister* in ihre Existenz impulsierend hineinspricht. Mystik ist – immer wieder – gefragt, so unterschiedlich die Motive und so diffus die Vorstellungen sein mögen, die sich die Fragesteller von Mystik bilden. Hinzu kommt, daß das Mystiker-Sein Eckharts keineswegs unumstritten ist. Einerseits kann kein Fragesteller und keine Epoche davon absehen, daß sie ihre eigenen Grundannahmen, ihr jeweiliges Vorverständnis an ihn herantragen. Die verschiedensten Erwartungen werden auf ihn projiziert. Nicht selten sucht man aus Eckhart herauszulesen, was man zuvor mehr oder weniger unbewußt in ihn hineingelegt

Daisetz Taitaro Suzuki

hat. Und wer vermöchte zu sagen, er trete völlig voraussetzungslos an Meister Eckhart heran?

So sind im Laufe der Jahrhunderte sehr unterschiedliche Eckhart-Bilder entstanden, bisweilen überaus fragwürdige. Andererseits ist das Wesen der christlichen Mystik schwerlich auf einen einfachen Nenner zu bringen. Eine Einigung darüber, was unter Mystik zu verstehen sei, wurde und wird bestenfalls nur annähernd erreicht. Die Bemühung um eine Begriffsklärung ist nicht ein für allemal geleistet. Sie ist je und je nötig, weil das Verlangen nach innerer – das ist: nach mystischer Erfahrung immer wieder aufflackert.

Hinzu tritt die Begegnung mit den östlichen Religionen, die ihrerseits auf eine überaus reiche mystische Tradition verweisen können, seien es Judentum, Islam, Hinduismus oder Buddhismus und Taoismus in ihren mannigfaltigen Ausprägungen. Nicht wenige Zeitgenossen wurden erst auf dem Umweg über die Beschäftigung mit fernöstlicher Religiosität der mystischen Spiritualität innerhalb der eigenen Überlieferungsgeschichte gewahr. Auch mangelt es nicht an Vergleichen zwischen dem westlichen und dem östlichen Weg mystischer Verinnerlichung. In diesem Zusammenhang werden insbesondere Aussagen Meister Eckharts mit Zeugnissen des östlich-fernöstlichen Geistes verglichen. So frappierend die Ähnlichkeiten auf den ersten Blick sein mögen, es ist nicht zu leugnen, daß Eckhart auch in seinen kühnsten Äußerungen nur von seinen christlichen Voraussetzungen her verstanden und interpretiert werden darf. Bemerkenswert ist immerhin, welche Erfahrungen der Zen-Buddhist Daisetz Taitaro Suzuki in der Begegnung mit dem deutschen Dominikaner gemacht hat: «Als ich zum erstenmal... ein kleines Buch mit einigen von Meister Eckharts Predigten las, beeindruckten diese mich tief, denn ich hatte niemals erwartet, daß irgendein christlicher Denker – gleich ob alt oder modern – solch kühne Gedanken hegen würde, wie sie in diesen Predigten ausgesprochen wurden. Wenn ich mich auch nicht erinnere, welche Predigten das kleine Buch enthielt, so weiß ich doch: die darin geäußerten Gedanken waren buddhistischen Vorstellungen so nahe, daß man sie fast mit Bestimmtheit als Ausfluß buddhistischer Spekulation hätte bezeichnen können. Soweit ich es beurteilen kann, scheint mir Eckhart ein ungewöhnlicher ‹Christ› zu sein.»[1*]

Ein solcher ungewöhnlicher Christ, aber eben doch ein Christ, ist Eckhart zweifellos. Ehe man sich seinem Leben und Tun zuwendet, wird es gerade angesichts der erwähnten «kühnen Gedanken» hilfreich sein, daß man sich der geistigen Herkunft Eckhartschen Denkens und Predigens vergewissert. Daher sei eine kurze Betrachtung zum Wesen der christlichen Mystik vorgeschaltet.

* Die hochgestellten Ziffern verweisen auf die Anmerkungen S. 136f.

Dimensionen mystischer Erfahrung

Es gehört zum Wesen der religiösen Mystik bzw. zur Mystik in den Religionen und damit zur christlichen Mystik, daß sie sich streng genommen einer verallgemeinernden Definition entzieht. Daraus ist jedoch nicht etwa die – leider – sprichwörtlich gewordene und ihr Wesen verkennende «mystische Verschwommenheit» zu folgern, als sei Mystik lediglich in den Bereichen des Gefühls angesiedelt. Vielmehr ist nur auf die Mehrdimensionalität dessen zu schließen, was mit Mystik im konkreten Fall gemeint ist. Alles andere als Unklarheit oder Wirklichkeitsferne kann bei ernsthafter Betrachtung mit der Bezeichnung «mystisch» intendiert sein. Um einer Verflachung oder Verfälschung des Mystischen deutliche Grenzen zu setzen, hat Johannes Gerson (gest. 1429) Mystik als «cognitio dei experimentalis»[2] bezeichnet. Gemeint ist ein auf Erfahrung gegründetes Erkennen und Gewahrwerden Gottes. Mystik ist damit eine übersinnliche, letztlich unverfügbare Erfahrung. Ihr innerster Kern läßt sich als die lebendige Begegnung, ja als die Vereinigung (unio mystica) zwischen Gott und Mensch verstehen.

Diese nach Intensität und Gehalt abstufbare Innenerfahrung ist naturgemäß nur von dem Erfahrenden, von dem Ergriffenen zu bezeugen. Sie kann aber auch zum Gegenstand der philosophischen bzw. theologischen Reflexion gemacht werden, wie es in überaus vielfältiger Weise geschehen ist und weiterhin geschehen wird. Um nun mystische Erfahrung, also Mystik im engeren Sinn des Wortes, in ihrer Tatsächlichkeit und Authentizität von der auf sie gerichteten Reflexion zu unterscheiden, ist es hilfreich, in diesem letzteren Fall von «Mystologie» zu sprechen. Mit Irene Behn versteht man darunter die theoretische Auswertung solcher Erfahrung.[3] Als «mystologisch» sind demnach vor allem unpersönliche Aussagen einzustufen, die nicht unbedingt von der Eigenerfahrung des Schreibers herrühren.

Alois M. Haas führt dazu weiter aus: «Hier handelt es sich um Mystologie (oder Mystographie), Reden und Denken in einem bestimmten System von Kategorien, die sich zwar aus der Struktur der mystischen Erfahrung herleiten, ohne daß der Schreibende selber eine ursprüngliche Erfahrung davon besitzen müßte. Die Zweckbestimmung solchen Schrifttums ist meist eine mystagogische: Es will zur mystischen Erfah-

Hildegard von Bingen (zwischen ihren Gehilfen). Autorenporträt aus einer Handschrift ihres «Liber divinorum operum», um 1230 (Lucca, Biblioteca Governativa)

rung als der denkbar sinnvollen letzten Bestimmung eines normalen christlichen Lebens hinleiten und hinführen.»[4] Über weite Strecken ist die mystische Literatur, die Meister Eckharts inbegriffen, mystologischer Natur. Das schließt freilich nicht aus, daß die betreffenden Autoren ihrerseits Ergriffene, Erfahrene sind, mit Eckhart zu reden: nicht allein *Lesemeister*, sondern *Lebemeister*. Es liegt weiterhin im Wesen unseres Themas begründet, daß Mystik und Mystologie nicht immer scharf gegeneinander abzugrenzen sind. Die Übergänge sind fließend. Das gilt auch für die Hinführung und Anleitung zur mystischen Erfahrung (d. h. zur Mystagogie). Die Faszination des Themas, das zumindest leise Angerührtsein von der «Sache» rechtfertigt erst die anhaltende Beschäftigung mit christlicher Mystik. Wer sich lediglich informieren, also sachkundig machen will und alsbald zu anderen Sachen übergeht, den hat freilich der Funke des mystischen Feuers nicht berührt. Erfahrung muß Leben werden.

Vision der Hildegard von Bingen: Die «höchste und feurige Kraft» Charitas mit dem Lamm Gottes in den Armen. Detail einer Miniatur aus: «Liber divinorum operum», um 1230

Mystik – vom Griechischen «myein» (Augen, Ohren, Mund) schließen – entspricht dem Bedürfnis nach Einkehr und nach Sammlung. Das ist eine geistig-seelische Einstellung, die zu Erfahrungen führt und die eine Gewißheit reifen läßt, die durch keine Aktion, vor allem durch keine noch so «erfolgreiche» Geschäftigkeit errungen werden kann. Das wird nirgends deutlicher als bei Meister Eckhart, der selbst – wie noch zu zeigen ist – die Bemühung um das mystische Innesein ausschließen muß. Im Gegensatz zu anderen Mystikern vor und nach ihm anerkennt er zum Beispiel nicht den klassischen Dreischritt zum Ziel: die Stufe der Reinigung (via purgativa), der Erleuchtung (via illuminativa) und der Vereinigung mit Gott (via unitiva; unio mystica). So gesehen ist der Weg zu Gott für ihn ein Nicht-Weg, er ist *weiselos*. Die höchste Tugend auf diesem Weg ist die der *Abgeschiedenheit*. In seinem gleichnamigen Traktat preist Eckhart die Abgeschiedenheit als *das Allerbeste, denn sie reinigt die Seele und läutert das Gewissen und entzündet das Herz und weckt den Geist und beschleunigt das Verlangen und läßt Gott erkennen und scheidet ab die Kreatur und vereinigt sich mit Gott*[5].

So gehört es zur besonderen Lebenseinstellung des Mystikers, daß er sich auf dem Weg oder Nicht-Weg seiner Gottesbegegnung von seiner bisherigen Lebens(un)art entfernt. In der Terminologie Eckharts handelt es sich um *Gelassenheit*. Im deutlichen Unterschied zur heutigen Wortbedeutung ist es ein Lassen im Sinne einer konsequenten Selbstaufgabe, das heißt einer Aufgabe des (niederen) Ego. *Darum spricht unser Herr: Wer mein Jünger werden will, der muß sich selber lassen*.[6] Einerseits gilt es, das bisherige, uneigentliche Leben zu lassen; andererseits soll man sich Gott überlassen, etwa im Sinne eines Luther-Verses: «Dir uns lassen ganz und gar.»[7] Dieses Sich-selber-Lassen begründet ein unerhörtes Freiheitserlebnis, ein Ledigsein. Denn *der Mensch, der gelassen hat und gelassen ist und der nimmermehr einen Augenblick auf das sieht, das er gelassen hat und bleibet stete, unbewegt in sich selber und unwandelbar, dieser Mensch ist allein* (also im eigentlichen Sinn) *gelassen*[8].

Dazu kommt das andere, daß Menschen, die solcher Innenerfahrung teilhaft geworden sind, das Erlebte, Erlittene nicht für sich behalten können. Sie müssen Zeugnis ablegen in Wort oder Schrift. Sie müssen versuchen, das Unbegreifliche zu artikulieren. Aber da stoßen sie auf das schier unlösbare Problem, das jeder Mystik anhaftet. Die fernöstliche Mystik des Taoismus hat es so formuliert: «Die es wissen, sagen es nicht; und die es sagen, wissen es nicht.» – Wie, wenn überhaupt, soll dann das Unsagbare dennoch gesagt werden? Im Grunde ist alles Reden von Gott, dem Unnennbaren, eine je und je aufgegebene, zugemutete und zugleich zugetraute Unmöglichkeit, der die Theologie zu entsprechen sucht.[9] Soll daher der Mystiker (gemäß der Wortbedeutung von ‹myein›, schließen, schweigen) nicht völlig verstummen, dann muß er eine Sprache suchen, die dem Unsagbaren am ehesten angemessen ist: eine Sprache des Bildes, des Symbols, des kühnen Vergleichs, eine Sprache der Widersprüchlichkeit (Paradoxie), eine apophatische (verneinende) Sprache der radikalen Verneinung, obwohl die allgemeine Vorstellung kursiert, von Gott müsse man in Superlativen reden, also etwa vom «höchsten Gut», vom «Allmächtigen» usw. Der Mystiker ist sich jedoch der Unangemessenheit derartiger Aussageweisen deutlich bewußt, weil diese im Grunde ja nur eine Steigerung des Menschenmaßes darstellen. Den «Ganz-Anderen» müssen aber menschliche Superlative verfehlen.

Und so bedienen sich mystisch Erfahrene der paradoxen Redeweise, wenn sie etwa mit Augustinus sagen: «Gott wird angemessener im Nichterkennen erkannt.» Oder mit Thomas von Aquin: «Denn mehr wird für uns offenbar von ihm, was er nicht ist, denn was er ist.» Oder mit Eckhart: *Wenn du ihn* (Gott) *suchst, wirst du ihn nirgendwo finden.*[10] Doch erst im Kontext mit der Aufforderung zum konkreten Tun tritt das paradoxe Reden plastisch hervor: *Der Mensch soll in allen Dingen Gott ergreifen und soll sein Gemüt daran gewöhnen, Gott allzeit gegenwärtig zu haben im Gemüt und im Streben und in der Liebe.*[11]

Vom Neuen Testament her sind derlei widersprüchliche Aussagen durchaus bekannt, wenn beispielsweise Christus sagt: «Wer sein Leben findet, der wird es verlieren, wer aber sein Leben um meinetwillen verliert, der wird es finden.» (Matth. 10,39)[12] Worte wie diese bergen eine Erfahrung, der man nicht bereits dadurch teilhaftig wird, daß man ihnen intellektuell zustimmt, wie man einem rational begründbaren Urteil oder Sachverhalt beipflichtet. Dieser rationale Aspekt ist auch hier zwar nicht völlig ausgeblendet, doch passiert das Eigentliche auf einer anderen Ebene. Nicht nur im Kopf spielt sich dieses Erkennen ab, sondern «im Herzen», das heißt in der Personmitte und in der Wesenstiefe des Menschen. Der ganze Mensch ist davon ergriffen. Der ganze Mensch erfährt die mystische Tatsache. Und an dieser Erfahrung gemessen ist ein bloßes «theologisches» Wissen, ein bloßes für richtig Befinden oder für wahr Halten belanglos. Das Neue Testament nennt die Voraussetzung für ein völliges «Lassen» oder Umdenken in der Christus-Nachfolge «Metanoia», das heißt Umkehr mit dem ganzen Wesen.

Dem christlichen Mystiker genügt es eben nicht, nur in äußerer Weise einer kirchlichen Gemeinschaft anzugehören oder die christliche Botschaft lediglich als eine historisch bedingte, Brauchtum gewordene, in Wort, Schrift und Ritus niedergelegte Tatsache anzusehen. Mystiker ist der (existentiell) Glaubende, der des Christusmysteriums heute innewird und daraus lebt. Es ist jenes Mysterium, das der Evangelist Johannes im Bild des organischen Verbundenseins der Reben mit dem Weinstock sieht (Joh. 15) oder von dem Paulus sagt: «Ich lebe, doch im Grunde lebe nicht ich, vielmehr Christus lebt in mir.» (Gal. 2,20) Damit sind die beiden Prototypen christlicher Mystik genannt. Mystische Frömmigkeit lebt sich aus in der Liturgie, in den Mysterienfeiern von Taufe und Abendmahl. Sie artikuliert sich in den Schriften der Kirchenväter in Ost und West, bei dem mystisch (bzw. mystologisch) erfahrenen Alexandrinern Klemens von Alexandrien und Origenes, bei Augustinus, bei den Mönchsvätern und Seelenführern der Ost- wie der Westkirche, bei den seherisch und prophe-

Thomas von Aquin. Detail aus dem Fresko «Die Kreuzigung» von Fra Angelico, um 1440 (San Marco, Florenz)

tisch Begabten bis heute. Ein gewaltiges Stromgebiet eines esoterischen, das heißt auf religiöse Innenerfahrung gegründeten Christentums breitet sich aus. Es reicht bis in die Gegenwart.[13]

Statt mit der Genealogie christlicher Mystik im ersten Jahrtausend zu beginnen, sei vor allem ein Name genannt, eigentlich ein Anonymus: Dionysius Areopagita.[14] Er ist «der einzige Fall in der Theologie – ja in der gesamten Geistesgeschichte, daß ein Mann von allererstem Rang und unabsehbarer Wirkung seine Identität verbergen konnte – nicht nur

Vision des Bernhard von Clairvaux. Tafelbild von Filippino Lippi, 1486 (Badia Fiorentina, Florenz)

einem leichtgläubigeren Jahrtausend, sondern auch dem kritischen Scharfsinn der Neuzeit – und gerade auch durch diese Verhüllung seinen Einfluß auszuüben vermochte»[15]. Dieser am Ende des 5. Jahrhunderts sehr wahrscheinlich in Syrien schreibende, jedoch stark vom Geist der großen Alexandriner (Origenes) und der Kappadozier (Gregor von Nazianz, Gregor von Nyssa) sowie von der Denkart des Neuplatonikers Proklos (gest. 485) tangierte Theologe hat als Lehrer der mystischen Theologie geradezu kanonische Bedeutung erlangt: für Scotus Eriugena, für Hugo und Richard von Saint-Victor in Paris, für Albertus Magnus und

Thomas von Aquin, Bernhard, Bonaventura und viele spätere, unter ihnen Ruusbroec, Gerson, Nikolaus von Kues, bis hin zu den großen Mystikern Spaniens und Frankreichs, etwa Johannes vom Kreuz und Fénelon. Für sie alle verkörpert Dionysius – später und auch heute geringschätzig «Pseudo»-Dionysius genannt – eine geradezu apostolische Autorität, den geistlichen Rang eines Menschen, der gemäß der Apostelgeschichte (Kap. 17,18–34) ganz nahe bei Paulus steht bzw. gestanden haben soll. Eckhart und Tauler dürfen in dieser Traditionskette schon deshalb nicht fehlen, weil die Spitze der Theologie des Areopagiten christliche Mystik darstellt. Das Erbe der urchristlichen Gnosis, und zwar einschließlich ihrer Arkandisziplin und esoterischen Praxis [16], hat durch diesen Anonymus in einem einzigartigen Werk, dem «Corpus Dionysiacum» [17], seinen Niederschlag gefunden. Als einer seiner profunden Interpreten hebt Hans Urs von Balthasar hervor, «daß von der Person-Werk-Einheit eine solche Kraft und ein solcher Glanz ausstrahlt, wie das Mittelalter es unmittelbar gespürt hat... Die Prägekraft dieser geistlichen Theologie kann man nicht leugnen. Sie ist aufs Ganze... gesehen nicht weniger stark als die Augustins, und man kann aus der Fruchtbarkeit dieser beiden beinahe die ganze Philosophie des Mittelalters bis zur Aristoteles-Renaissance und die ganze Theologie weit über Thomas hinaus hervorgehen sehen.»[18]

Die Stilarten und Erscheinungsformen christlicher Mystik sind vielfältiger Art. Umkreisen Johannes und besonders Paulus das Mysterium des «In-Christus-Seins», so ist Augustinus in Atem gehalten von dem «ruhelosen Herzen», das einzig auf die Vereinigung von «Gott und Seele» hinstrebt, während Bernhard von Clairvaux als Kommentator des alttestamentlichen Hohen Liedes (Cantus canticorum) der Christusliebe und der Brautmystik den Weg ebnet. Diese findet selbst noch in Luthers reformatorischer Grundschrift «Von der Freiheit des Christenmenschen» (1520) Eingang. [19] Gottverbundenheit und Christusnähe, bald aufblühend in der Heiligen Hochzeit (hieros Gamos) und mystischen Hochzeit [20], bald die Erde und den ganzen Kosmos (Teilhard de Chardin), schließlich die Realitäten des heutigen Alltags (Dag Hammarskjöld, Simone Weil) einbeziehend, sie lassen sich nicht auf eine einzige Epoche oder auf eine Bewußtseinslage begrenzen. Denn jeder Mensch, jeder Glaubende ist jeden Augenblick gottunmittelbar, sofern er dieser Tatsache innewird und darin nämlich, bis in seine Alltagspraxis hinein, mystischer Erfahrung teilhaft wird. Hier erfolgt die Echtheitsprobe! So gesehen ist christliche Mystik kein Relikt der Vergangenheit. Man wird vielmehr dem Wort Karl Rahners nachzudenken haben, wonach der Christ der Zukunft Mystiker sein werde.

Deutsche Mystik vor Eckhart

Zwei Mönchsorden sind es, die vom 12. bis zum 14. Jahrhundert das geistige wie das geistliche Leben Europas nachhaltig beeinflußt haben, die ungefähr gleichzeitig begründeten Orden der Franziskaner und der Dominikaner. Franz von Assisi (um 1181/82–1226) hatte seinen Minderbrüdern (Ordo Fratrum Minorum, OFM) die apostolische Armut vorgelebt und testamentarisch verordnet. Das geschah sehr zum Verdruß der im Reichtum schwelgenden, absolute Herrschaft anstrebenden Oberen der römischen Kirche. Papst Johannes XXII. setzte bald die franziskanische Ordensleitung ab und erklärte die Lehre von der völligen Armut Christi sowie der Apostel zur fluchwürdigen Ketzerei. – Der Spanier Dominicus de Guzmán (um 1170–1221) hatte, unterstützt durch seinen Bischof Diego, eine ausgedehnte Missions- und Predigttätigkeit begonnen. Es geschah nicht zuletzt mit Blick auf die zunächst durch geistlichen Zuspruch abzuwehrenden Katharer bzw. Albigenser[21] in Südfrankreich. Der Bettelorden der Dominikaner oder Predigerbrüder (Ordo Fratrum Praeticatorum, OP) erwarb sich im Laufe der Zeit große Verdienste, sieht man einmal davon ab, daß die Dominikaner als «Domini canes» (Hunde des Herren) zu den Trägern der kirchlichen Inquisition (ab 1232) werden sollten.

Franziskaner und Dominikaner begannen – im positiven wie im negativen Sinne – miteinander zu rivalisieren: als Volksprediger und als Seelsorger, an den aufkommenden Universitäten, vor allem aber als Lehrer der Scholastik.[22] Es ist das im Mittelalter vorherrschende philosophisch-theologische System, das die göttliche Offenbarung mit den menschlichen Denkmitteln zu erfassen sucht, in Exegese und in gelehrter Disputation. Zu den maßgebenden Schulhäuptern dieser Scholastik gehören namhafte Angehörige der beiden Orden, zum Beispiel die Franziskaner Alexander von Hales, Bonaventura, Duns Scotus sowie die Dominikaner Albertus Magnus und der alle überragende Thomas von Aquin.[23]

Gleichzeitig mit der Armutsbewegung des Mittelalters beginnt sich das Bewußtsein des christlichen Laientums zu regen. Die Kritik an der verweltlichten Kirche leistet dieser Entwicklung ebenso Vorschub wie die gesellschaftlichen Prozesse, die das Aufblühen der Städte ermöglichen. Die zunehmende Mündigkeit breiter Volksschichten drückt sich in dem Verlangen nach Bildung aus. Religiöse Unterweisung ist gefragt. Die infolge

Franz von Assisi, gemalt zu seinen Lebzeiten (1222?). Werk eines unbekannten Malers, Subiaco

der Kreuzzüge verwitweten Frauen suchen einen neuen Lebensinhalt. Die durch den «Schwarzen Tod», durch Kriege und Seuchen aller Art heimgesuchten, gemäß kirchlicher Verkündigung den «Ewigen Tod» fürchtenden Bauern und Bürger verlangen nach Antwort auf die sie bedrängenden Fragen. (Nicht zufällig hatte auch Eckhart Anlaß, ein *Buch der göttlichen Tröstung* zu schreiben!)

Innerhalb weniger Jahrzehnte entstehen Dutzende neuer Klöster, in denen sich Frauen der Regel des Dominicus unterwerfen. Häufig kommt es vor, daß Ehepaare nach einer Reihe gemeinsamer Jahre sich trennen, um hinter den geistlich bergenden Klostermauern Zuflucht zu suchen. Dominicus selbst hatte bereits in der frühesten Zeit seines Wirkens an eine klösterliche Lebensform für ledige oder verwitwete Frauen gedacht. Daneben gibt es um 1200 bis 1300 die freiere Form eines gemeinsamen geistlichen Lebens für Frauen, nämlich die der Beginen, ferner die der Begarden für Männer. Eine dieser Beginen und als Autorin die bekannteste ist Mechthild von Magdeburg (um 1210–81). Sie ist die Verfasserin der ersten Schrift deutscher Mystik «Das fließende Licht der Gottheit»[24]. Während Frauen wie die rheinische Benediktinerin Hildegard von Bingen (gest. 1179) ihre Schauungen, ihre naturkundlichen und medizinischen Schriften lateinisch geschrieben bzw. diktiert haben, unternimmt es Mechthild, ihr innerstes Erleben mit Gott in ihrer Muttersprache auszudrücken. Es ist fortan die Verwendung der deutschen Sprache, die christliche Mystik zur «deutschen Mystik» macht. Darin drückt sich nicht zuletzt ein Bewußtseinswandel aus. Das Lateinische der Kleriker und der Gelehrten dient wohl weiterhin als das maßgebliche Medium für Gottesdienst und Wissensvermittlung an den hohen Schulen. Aber individuelle Frömmigkeit und religiöse Unmittelbarkeit verlangen nach dem Herzton der Muttersprache. Der Dominikaner Heinrich von Halle beginnt Mechthilds Texte zu sammeln. Nach einem etwa dreißigjährigen Büßerleben findet die Begine aus Magdeburg bei den Zisterzienserinnen vom Kloster Helfta Aufnahme. Hier begegnet sie Geistesverwandten, die ihrerseits der deutschen Mystik zuzurechnen sind: Mechthild von Hackeborn und Gertrud die Große.

Dominikaner sind es sodann, die sich der mystischen Frömmigkeit bei der seelsorgerlichen Betreuung von Klosterfrauen widmen, unter ihnen Johannes und Gerhard von Sterngassen, Ulrich von Straßburg und vor allem Dietrich von Freiberg (gest. nach 1310). Seine mystischen Aufzeichnungen gelten als verloren, doch hat er auf Meister Eckhart ebenso gewirkt wie auf Johannes Tauler, seine Ordensbrüder.

Sicher ist Mystik nicht allein durch den Aufweis einer horizontal-historischen Traditionskette zu erklären. Spirituelles Erleben und Erkennen entspringt je und je einem spontanen Innewerden, also einem Impuls, der weder von außen empfangen noch auf äußerliche Weise weitergegeben werden kann. Mystisches Erleben läßt sich bezeugen, nicht aber schulmäßig lehren. Und doch gibt es ein historisches Faktum, das für die Entfaltung der deutschen Mystik von weittragender Bedeutung werden sollte.

Der Stammbaum des Dominikaner-Ordens, dargestellt von Hans Holbein d. Ä. im Hochaltar des ehemaligen Dominikanerklosters Frankfurt, 1501. Vorn rechts der hl. Dominicus, links unten Albertus Magnus, oben links Heinrich Seuse

VIRGO·DEIFERA·FLORID·PDICATOR· ·ORDIS·SIGVLARIS·PATRONA·
HVGO·CARDINALIS·POSTIL LATOR·BIBLIE·PRIMVS·
PETRVS·DE·THARENTASIA· PAPA·INNOCENCIVS·V·
ALBERTVS·MAGNVS·RATISPON EPS·DOCTOR·VNIVERSAL·
PREDICATOR·GRACIOSVS·

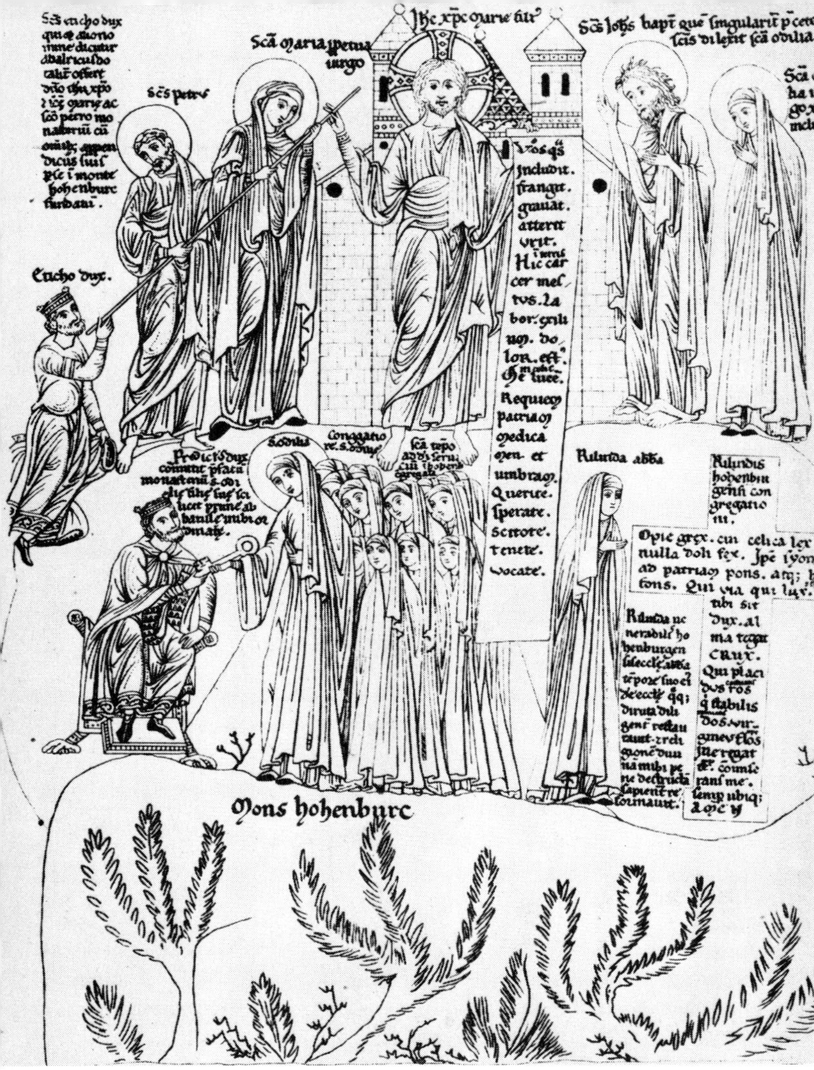

Die Gründung des Klosters Hohenberg, Elsaß. Aus dem «Hortus deliciarum» der Äbtissin Herrad von Landsberg, 12. Jahrhundert

Herbert Grundmann, der der Frage nachging, warum sich gerade in Deutschland so viele religiöse Frauengemeinschaften den Dominikanern angeschlossen haben, weist darauf hin, daß sich dies nicht allein aus der geistig-seelischen Eigenart oder aus der sozialen Struktur des Landes erklären lasse. «Erst die Verknüpfung von dominikanischer Theologie und Seelsorge, volkssprachlicher Predigt, weiblicher Frömmigkeit und der besonderen Stellung Deutschlands in den religiösen Bewegungen des 13. und 14. Jahrhunderts schuf die Voraussetzungen für die Entstehung der ‹deutschen Mystik›.»[25] Und nachdem sich der männliche vom weiblichen Zweig des Dominikanerordens getrennt hatte, verfügte Papst Clemens IV. 1267, daß sich Professoren und Lektoren des Männerordens der geistlichen Betreuung (cura monialium) der Dominikanerinnen anzunehmen hätten. Davon hat die religiöse Kultur des Spätmittelalters offensichtlich reich profitiert, nicht am wenigsten das Werk Meister Eckharts, Taulers und auch Seuses. Deutsche Mystik gewinnt ein Eigenleben, obwohl – wie besonders das Beispiel Eckhart zeigt – scholastisches Denken und mystische Schau bzw. mystologische Unterweisung nicht völlig voneinander zu trennen sind.

Otto Karrer, der einer solchen Trennung zuzuneigen scheint und darüber Eckharts Beziehung zur Scholastik eher gering achtet, bemerkt hierzu: «In doppelter Linie, nicht ohne gegenseitige Berührungspunkte, entfaltet sich die deutsche Mystik: hie philosophische (sinnende, spekulative), dort bräutliche (minnende, praktische). Der Unterschied ist im wesentlichen durch die seelischen Eigenschaften der Geschlechter, aber auch durch die verschiedene Bildungsart bedingt: Fußt jene auf der patristisch-scholastischen Überlieferung der Gotteswissenschaft und ist selber nichts anderes als deren religiöse Fortbildung und Anwendung in deutschen Landen, so ist die andere in ihrer Eigenart beeinflußt durch die gewöhnlichen Hilfsmittel des klösterlichen Frauenberufs: Chorgebet, Lesung von Heiligenleben, Verkehr mit dem Seelenführer und der Schwestern untereinander.»[26]

So sehr religiöse Mystik davon lebt, daß sie auf individuellen Erfahrungen gründet, auf Erfahrungen, die im Seelengrund des einzelnen Menschen empfangen werden, so zeigt die deutsche Mystik darüber hinaus die Wichtigkeit der zwischenmenschlichen Beziehung. Ohne die dialogische Situation ist sie nicht denkbar. Gemeint ist der Wechselbezug zwischen dem Prediger und seinen Hörern, zwischen dem Seelenführer und seinen Geistesschülern. Andererseits gibt es das Beziehungsfeld der «Gottesfreundschaft»[27]. Dabei handelt es sich um Männer und Frauen, die durch die persönliche Begegnung wie durch brieflichen Kontakt[28] die geistliche Verbundenheit pflegen. Geographisch gesehen kann das gesamte Rheingebiet, von der Rheinquelle in der Schweiz bis zur Mündung in den Niederlanden, als die «fruchtbarste Zone für die deutsche Mystik» (W. Oehl) gelten. Dabei sind die Niederlande ausdrücklich zum Verbreitungsgebiet jener Mystik zu rechnen[29], als deren Haupt Meister Eckhart nach wie vor angesehen werden darf.

Damit stellt sich Eckhart in den breit angelegten Traditionsstrom hinein, der von der Hauptquelle der urevangelischen Christusmystik bei

Ein Ketzer wird verbrannt. Holzschnitt aus dem 15. Jahrhundert

Paulus und Johannes seinen Ausgang nimmt, der sich andererseits aus Zuflüssen vorchristlich-griechischer Mysterienweisheit und Philosophie speist. Es ist ein Strom, in dem sich religiöse Erfahrung und philosophische Spekulation in eigentümlicher Weise vermischen. Dieser synthetische Prozeß hat bereits wichtige Phasen seiner Entwicklung durchlaufen, als das Bedürfnis entsteht, das innerste Gotterleben, die Gottgeburt im Seelengrund, in der Volkssprache zu artikulieren, sei es mit dem Streben nach denkerischer Klarheit wie bei Eckhart, sei es mit der Glut eines frommen Fühlens, wie sie in der Brautmystik Mechthilds und vieler anderer hervorbricht. Die Horizonte, die sich durch die Verwendung des Deutschen für die Mystik auftun, sind beträchtlich. Denn, so gibt Kurt Ruh im Blick auf die deutsche Mystik zu bedenken: «Was deutsch gesagt ist, wird sozusagen freigegeben, priesterlicher Hut entrückt, ist Allgemeingut, Element der Volksbildung...»[30] Dem ist sogleich hinzuzufügen: Sobald die kirchlich verordneten Hüter der Rechtgläubigkeit eine derartige «Entrückung» wahrzunehmen meinen, läßt der Zugriff der Inquisitoren nicht lange auf sich warten. Mystische Gotteserfahrung und deren Verdächtigung als vermeintliche Abirrung vom katholischen Dogma liegen somit nahe beieinander. Selbst kirchlich bestätigte Mystiker(innen), unter ihnen Vertreter(innen) der deutschen Mystik, blieben nicht unangefochten. Man denke an die Schwester Hadewijch oder an Jan van Ruusbroec; die Begine Marguerite Porete mußte am 1. Juni 1310 in Paris den Scheiterhaufen besteigen. Eckharts spätere Verketzerung und Aburteilung stellt somit kaum eine Ausnahme dar.

Als besonderes Merkmal der deutschen Mystik ist schließlich der hohe Anteil, den Frauen an ihr genommen haben, festzuhalten.[31] Alois M. Haas resümiert daher: «Frauen, die zunächst innerhalb der traditionellen Orden, dann auch in nachträglich soziologisch nur schwer durchschaubaren Konventikeln und religiös gestimmten Laiengruppen als sogenannte Beginen ein authentisches christliches Leben in Jungfräulichkeit und Armut zu führen versuchten, waren schon im 12. und 13. Jahrhundert maßgeblich am literarischen Leben beteiligt. Frauen waren es wiederum im 14. Jahrhundert, die sich, wenn auch weitgehend als empfangender Teil, an den kühnen Spekulationen der Dominikanermystik entscheidend engagierten. Ohne sie wäre dieser gewaltige spirituelle Impuls der deutschen Mystik denkbar wirkungslos, wenn nicht überhaupt ausgeblieben.»[32]

Und was Eckhart betrifft, so sagt er zwar einmal von seiner Predigt: *Wäre niemand (da) gewesen, ich hätte sie diesem (Opfer-)Stocke predigen müssen.*[33] Dazu mag mystischer Rigorismus fähig sein, aber die Hinführung (Mystagogie) zu spirituellen Erfahrungen bedarf des Menschen, der sich führen läßt; der Prediger bedarf des Hörers. Und ohne die meist namenlosen Predigthörerinnen, die von Fall zu Fall seine Reden nachgeschrieben haben, ist auch Eckharts Beitrag zur deutschen Mystik nur schwer vorstellbar.

So gibt es bereits einen überaus reichbestellten blühenden Garten christlicher Mystik, als Meister Eckhart den geschichtlichen Plan betritt. Verwandtes trifft auf Verwandtes, aber auch Eigentümliches begegnet Eigenständigem. Eckhart weiß sehr wohl, daß er einer weitverzweigten Tradition verpflichtet ist. Zu ihr bekennt er sich. Das zeigen seine vielen Hinweise auf die *großen Meister*, die er fleißig zitiert, teils in Zustimmung, teils mit einem unverkennbaren «Ich aber sage euch!». Der neue Ton im Chor mittelalterlichen Sagens und Bezeugens ist unüberhörbar – über Jahrhunderte hin.

Biographische Orientierung

Die hin und wieder gebrauchte Redewendung, ein Mensch trete hinter sein Werk zurück, seine Person gehe in seinem Schaffen völlig auf, trifft auf Meister Eckhart in hohem Maße zu. Wer sich daher mit den Lebensumständen der bedeutendsten Persönlichkeit der deutschen Mystik bekannt machen will, der wird enttäuscht. Nur wenige Daten dieser Biographie sind gesichert. Vielfach ist man auf Schlußfolgerungen angewiesen. Vor Ostern, es ist der 18. April 1294, gibt es keine dokumentarisch belegbaren Daten. Das heißt, die ersten biographischen Angaben dieser Art beziehen sich auf einen Ordensmann, der bereits die Lebensmitte erreicht hat. Es handelt sich um den Frater Ekhardus, Lektor (lector sententiarum) an der theologischen Fakultät der Universität Paris. Hinter dem Wort des späteren Predigers von der Gottesgeburt im Seeleninnersten verschwinden die äußeren Lebensdaten des Menschen Eckhart. Immerhin ist die Forschung heute in der Lage, eine biographische Orientierung zu liefern, die die zeitliche Einordnung der umfangreichen literarischen Hinterlassenschaft wenigstens teilweise gestattet. Freilich ist das genaue Geburtsjahr ebensowenig exakt belegbar wie das Todesjahr.[34]

Um das Jahr 1260 wird Eckhart in Hochheim geboren. Angenommen wird ein Ort in Thüringen, unweit von Gotha. Es muß aber bemerkt werden, daß es auch bei Erfurt ein Dorf dieses Namens gibt. Wir wissen lediglich von einer Notiz zu einer Pariser Predigt, die von Magister Eckhart, «Echardus de Hochheim» stammt. Ob «de Hochheim» einen Ort oder einen Personennamen bedeutet, ist durchaus offen. Nicht unumstritten ist sodann die Annahme, Eckhart entstamme einem Rittergeschlecht. Fest steht aber, daß er Thüringer ist. Wir wissen nicht, was ihn (oder seine Familie) bewogen haben mag, ins Kloster zu gehen und Mönch zu werden, anstatt – etwa als Landedelmann – sein Gut zu bestellen, der Jagd nachzugehen, Turniere auszutragen und im Kriegsfall dem König als dem obersten Feudalherren Heerfolge zu leisten. Als Eckhart geboren wird, dauert noch die «kaiserlose, die schreckliche Zeit» des sogenannten Interregnums, das sich von 1256 bis 1273 erstreckt. Kaisertum und Papsttum liegen – wieder einmal – im Streit. Das Geschlecht der Staufer tritt ab; Manfred stirbt 1266 auf dem Schlachtfeld von Benevent; Konradins Haupt verfällt dem Beil des Henkers in Neapel (1268). Ein anderes, in die

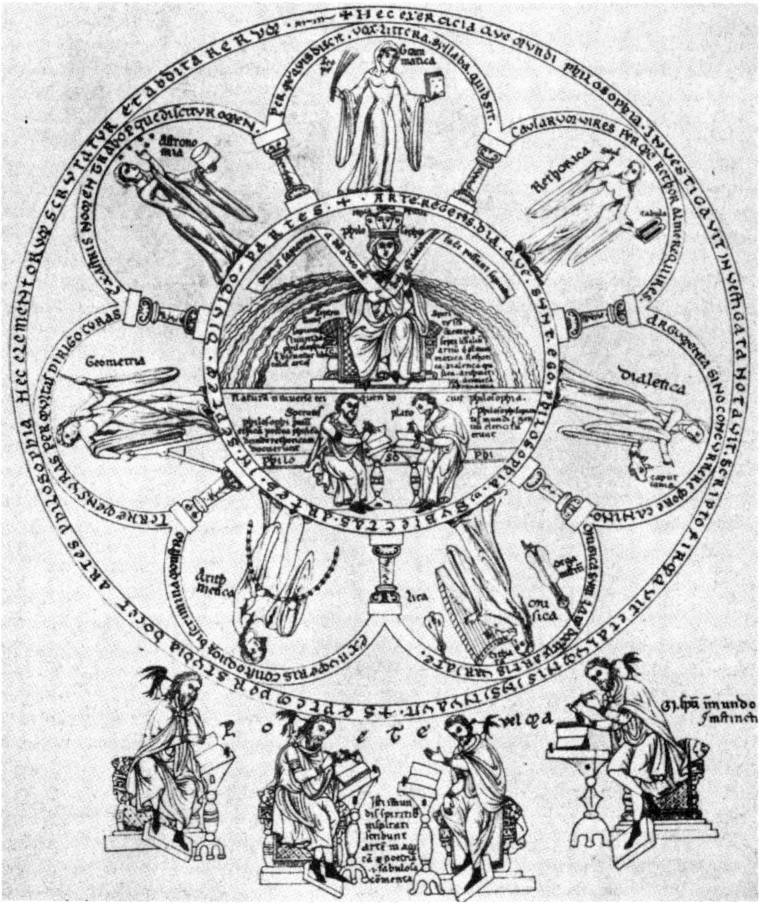

Die Philosophie und die Sieben freien Künste. Aus dem «Hortus deliciarum» der Herrad von Landsberg, 12. Jahrhundert

abendländische Kirchengeschichte einschneidendes Ereignis steht bevor: die «Babylonische Gefangenschaft» der Päpste, die zwischen 1309 und 1377 in Avignon residieren und dort ein Finanzimperium von noch nicht dagewesenem Ausmaß aufbauen.

Der junge Eckhart tritt ins Dominikanerkloster in Erfurt ein. Wir entnehmen dies aber erst der Überschrift zu seinem frühen Werk *Reden der Unterweisung* (*Die rede der unterscheidunge*). Die Notiz lautet: «Das sind die Reden, die der Vikar von Thüringen, der Prior von Erfurt, Bruder

Eckhart Predigerordens, mit solchen ‹Kindern› geführt hat, die ihn zu diesen Reden nach vielen Dingen fragten, als sie zu Lehrgesprächen beieinander saßen.» Diese Niederschrift wird im oder um das Jahr 1298 erfolgt sein. Dominikaner gibt es in Erfurt seit dem Jahre 1229. Im Jahr darauf hat Bischof Siegfried III. von Mainz das Bethaus der Predigerbrüder nahe der Erfurter Paulskirche geweiht. Eckhart muß in jungen Jahren ins Kloster eingetreten bzw. ihm übergeben worden sein, denn schon 1277, also etwa siebzehnjährig, findet man ihn in Paris als Studenten der sogenannten Artes liberales. Diese «freien Künste» stellen das philosophische Grundstudium dar, das auch ein zukünftiger Theologe zu absolvieren hat. In deren erstem Teil, dem «Trivium», beschäftigte man sich mit den «formalen Künsten» Grammatik, Rhetorik und Dialektik, wobei man unter Grammatik ein tieferes Eindringen ins Lateinische verstand und römische Schriftsteller, allen voran Vergil, las. Die Rhetorik benötigte man für die Abfassung von amtlichen Schriftstücken, die Dialektik für die gelehrte Diskussion bzw. Disputation. Dem Trivium folgte das aus den vier «realen Künsten» zusammengesetzte Quadrivium mit Arithmetik und Astronomie, Musik und Geometrie.[35]

Nicht ohne Skepsis hatten manche Kirchenleute auf den Erwerb profaner Bildung geblickt, als sei diese dem Heilswissen der Gottesgelehrsamkeit und der Frömmigkeit hinderlich. Der Mystiker Bernhard von Clairvaux (1090–1153) meinte beispielsweise, es seien auch sehr viele Menschen selig geworden, die von den freien Künsten keine Ahnung gehabt haben. Sein Zeitgenosse Petrus Abaelard (gest. 1145) hingegen, der streitbare und umstrittene Scholastiker, war überzeugt, daß einem Kleriker kein Wissensgebiet vorzuenthalten sei. Auf dieser Linie haben sich denn auch die großen Denker aus den beiden Bettelorden der Franziskaner wie der Dominikaner bewegt. Gerade durch sie sollte Paris zum europäischen Zentrum philosophischer und theologischer Bildung werden. An der Sorbonne, wie man die Pariser Universität (nach Robert de Sorbon) seit dem 16. Jahrhundert nennt, lehrten einst der Franziskaner-Mystiker Bonaventura (gest. 1274) und die beiden bedeutenden Dominikaner Albertus Magnus (gest. 1280) und Thomas von Aquin (gest. 1274). Der junge Eckhart kann somit in die Fußstapfen seiner berühmten älteren Ordensbrüder treten. Das muß für ihn eine Auszeichnung gewesen sein, weil die Universitätsordnung vorsah, daß nur je zwei Brüder aus

Erfurt. Holzschnitt aus der Schedelschen «Weltchronik», 1493

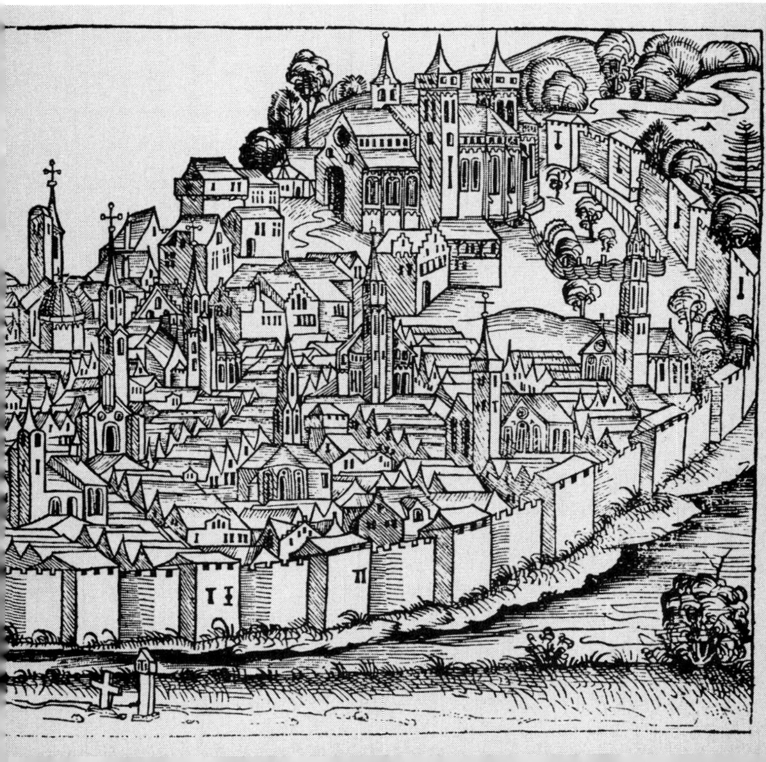

einer Ordensprovinz zum Studium in der Artistenfakultät zugelassen werden. Das Haus der Dominikaner, St. Jacques, in dem auch Eckhart Quartier fand, lag der Sorbonne gegenüber.

Das eigentliche Theologiestudium fängt für Eckhart um 1280 an. Zu diesem Zweck berufen ihn die Ordensoberen nach Köln zum Generalstudium. Hier hat Albert ebenfalls lange gelehrt. Doch Eckhart ist wohl nicht mehr zu dessen Füßen gesessen, denn der 12. November 1280 ist der Todestag dieses «Doctor universalis». Es kann nur als eine erneute Anerkennung seiner guten Fortschritte angesehen werden, daß Eckhart 1293/94 ein zweites Mal nach Paris entsandt wird, diesmal mit einem Lehrauftrag. Er ist jetzt Bakkalaureus; dieser erste akademische Grad berechtigt zu Vorlesungen über die Sentenzen des Petrus Lombardus (gest. 1160). In diesem scholastischen Grundlagenbuch der Dogmatik halten sich Reflexion und Frömmigkeit, Rationalität und Mystik die Waage. Und überhaupt: «Scholastik und Mystik sind nicht Gegensätze, sondern Korrelate... Die Mystik will Verinnerlichung und Erleben der durch die Scholastik begründeten Lehre von der Gottesgemeinschaft. Die Stätte der Scholastik ist das Katheder. Die Scholastik will Lehr- und Lerngut sein, daher ihre unpersönliche, verstandesmäßige Form; daher auch die Vorherrschaft logischer Routinen und metaphysischer Doktrinen. Die Mystik gedeiht in stiller Klosterzelle, sie ist Zwiegespräch der Seele mit Gott; das mit übernatürlichen Kräften befruchtete Denken, Wollen und Fühlen will in der hienieden möglichen innigsten und innerlichsten Weise mit Gott in Kontakt treten. Daher eignet der Mystik der Reiz des Ursprünglichen und Persönlichen, daher kommen in der Mystik psychologische Momente zur Geltung», erläutert Martin Grabmann.[36] Eben eine solche Zusammengehörigkeit von philosophischem Streben und mystischer Verinnerlichung findet sich bei Eckhart. Der Scholastiker ist nicht gegen den Mystiker auszuspielen.

Nach der etwa einjährigen Lehrtätigkeit kehrt Eckhart aus Paris zurück. Es wird vermutet, daß Dietrich von Freiberg, derzeit Provinzial der deutschen Dominikanerprovinz, den noch nicht Fünfunddreißigjährigen zu seinem Vikar in Thüringen ernannt hat. Zugleich hat Eckhart als Prior dem Erfurter Konvent vorzustehen. Eben dies geht aus der schon erwähnten Überschrift zu *Reden der Unterweisung* hervor. Für Eckhart bedeutet die Berufung nach Erfurt eine Lebenswende um die Lebensmitte, nämlich nach jahrelangem Studium und nach erster Hochschulerfahrung jetzt der Auftrag der Seelsorge und der Menschenführung. Dem Prior ist somit der Konvent von Erfurt anvertraut; ihm soll er im Kloster lehrend und leitend zur Verfügung stehen. Als Vikar von Thüringen werden ihm aber auch mancherlei Reisen zu Visitationen und Beratungen der auswärtigen Brüder zugemutet. In den *Reden der Unterweisung* spricht daher der Spiritual, dem es obliegt, das geistliche Leben seiner Brüder in Gang zu halten. Dabei ist zu bedenken: «Klosterleben ist kein einfaches Leben,

Paris. Holzschnitt aus der Schedelschen «Weltchronik», 1493

für Prediger-, Bettelmönche überhaupt schon gar nicht. Die auferlegte Mobilität erlaubte nicht Frieden und Sicherheit hinter Klostermauern, wie man sich dies heute vorstellen mag. Vor allem ist Armut als Lebensform schwer zu erfüllen: Die Geschichte der Bettelorden, zumal der Franziskaner, erweist dies in geradezu erschütternder Weise. Die Gelübde sind eine schwere Last, die nur derjenige zu tragen vermag, der ihren Sinn erkennt und anerkennt. In diese Situation hinein sind Eckharts ‹Reden› gesprochen.»[37]

In diesen Tischlesungen (collationes) und Unterweisungen erinnert der Redner gleich eingangs an das einst geleistete Gelübde des Gehorsams. Er erörtert die Frage des Verhältnisses von menschlichem Werk und (göttlichem) Sein: *Nicht gedenke man Heiligkeit zu gründen auf ein Tun; man soll Heiligkeit vielmehr gründen auf ein Sein, denn die Werke heiligen nicht uns, sondern wir sollen die Werke heiligen. Wie heilig die Werke immer sein mögen, so heiligen sie uns ganz und gar nicht, soweit sie Werke sind, sondern: soweit wir heilig sind und Sein besitzen, soweit heiligen wir alle unsere Werke, es sei Essen, Schlafen, Wachen oder was immer es sei.*[38]

Straßburg, Dominikanerkloster. Ausschnitt aus einem Holzschnitt von Conrad Morand, 1548

Wie soll das zugehen? werden seine jüngeren Brüder gefragt haben. Soll man sich als Ordensmann oder auch ganz einfach als Christ vom Tätigsein in der Welt etwa zurückziehen? Eckharts Rat lautet: *Der Mensch soll Gott in allen Dingen ergreifen und soll sein Gemüt daran gewöhnen, Gott allzeit gegenwärtig zu haben im Gemüt und im Streben und in der Liebe. Achte darauf, wie du deinem Gott zugekehrt bist, wenn du in einer Kirche bist oder in der Zelle: diese selbe Gestimmtheit behalte und trage sie unter die Menge und in die Unruhe.* [39]

Von Unruhe recht alltäglicher Art kann der Erfurter Prior und Vikar in der genannten Doppelfunktion nicht verschont geblieben sein. Auf dem 1298 in Metz stattfindenden Generalkapitel des Ordens wird die Verbindung der beiden Ämter aufgehoben. Wenig später dürfte Eckhart daher von der Funktion als Prior in Erfurt entbunden worden sein. Der neue Sendungsauftrag läßt nicht lange auf sich warten, denn 1302 ruft ihn die Ordensleitung zum drittenmal nach Paris, wieder für etwa ein Jahr. Jetzt erfolgt die Promotion zum «Magister sacrae theologiae». Aus dem Bruder Eckhart ist der «Meister Eckhart» geworden, was soviel besagt wie Professor der Theologie. Ihm obliegt in diesem Jahr die Bibelauslegung.

1303 nach Erfurt zurückgekehrt, warten erneut umfangreiche praktische Aufgaben auf den etwa Vierzigjährigen. Das in Erfurt versammelte Ordenskapitel wählt den Meister nunmehr zum Provinzial der neu gebildeten Ordensprovinz Saxonia. Sie hat zwar in Erfurt ihren Sitz, umfaßt aber ein großes Territorium. Es reicht im Norden von Stralsund und Hamburg bis in die Niederlande hinein. Hinzu gehören ferner die Mark Brandenburg, Sachsen und Westfalen mit insgesamt 47 Konventen, die durch Neugründungen noch erweitert werden, nämlich durch solche in Braunschweig, Dortmund und Groningen. Zu Eckharts Zuständigkeitsbereich zählen schließlich noch zahlreiche Frauenklöster, die der Regel der Dominikaner folgen. Das Maß an Verantwortung, das in diesen Jahren auf Eckharts Schultern liegt, ist somit beträchtlich. Zu der Aufsicht über die einzelnen Klöster tritt die Einberufung alljährlicher Provinzialkapitel in den verschiedensten Gegenden der Ordensprovinz.

Als Provinzialoberer hat Eckhart darüber hinaus an den Generalkapiteln teilzunehmen, zum Beispiel 1304 in Toulouse, 1307 in Straßburg, 1310 in Piacenza. Diese ausgedehnte Reisetätigkeit bedeutet oft wochenlange Fußmärsche zu jeder Jahreszeit, Gefahren aller Art preisgegeben. Nur eine kräftige körperliche Konstitution ist derlei Anforderungen auf die Dauer gewachsen. Von geruhsamer philosophischer oder theologischer Forschung kann daher für länger nicht die Rede sein. Eckhart, von dessen Person wir so gut wie nichts wissen, muß den Anspannungen voll gewachsen gewesen sein, denn auf dem Generalkapitel von Straßburg wird er zum Generalvikar gewählt. Er tritt damit als Stellvertreter an die Seite des Ordensgenerals Aymerich von Piacenza. Als die süddeutschen Dominikaner ihn 1310 in Speyer auch noch zum Provinzial ihrer Provinz Teutonia ausersehen, da versagt das Generalkapitel von Neapel im Jahre 1311 die Bestätigung dieser Wahl. Hauptgrund wird nicht nur diese Ämterhäufung gewesen sein. Vielmehr wird Meister Eckhart in Paris gebraucht.

Ins Spiel kommt die Rivalität zwischen Franziskanern und Dominikanern. Um an der Universität durch einen besonders befähigten Magister vertreten zu sein, beordert die Leitung Eckhart abermals mit einem Lehrauftrag in die Stadt an der Seine. Auch diese Berufung kommt einer Auszeichnung gleich, wenn man bedenkt, daß eine Wiederholung selten vorkam. Man muß schon auf Persönlichkeiten vom Rang eines Thomas von Aquin verweisen, den die Ordensoberen (1269–72) ebenfalls ein zweites Mal «ad legendum» zu Vorlesungen an die Sorbonne geschickt haben. In diese Zeit von Eckharts zweitem Magisterium 1311 bis 1313 fällt (mit großer Wahrscheinlichkeit) die Entstehung wichtiger literarischer Werke, allen voran das Fragment gebliebene *Opus tripartitum*, das dreiteilige Werk, ergänzt durch eine Reihe von Bibelkommentaren zum Alten und Neuen Testament.

Wie lange dieser vierte Paris-Aufenthalt gedauert hat, läßt sich nicht exakt angeben. Fest steht nur, daß man zwischen 1314 und 1322 Meister Eckhart in Straßburg antrifft. Er fungiert hier einerseits als Vikar des Ordensgenerals Berengar von Landoras bzw. von Herveus Natalis. Damit hat sich sein praktisches Arbeitsgebiet in die süddeutsche Provinz Teutonica verlagert. Dominikaner- und Dominikanerinnenklöster am Oberrhein sind die hauptsächlichen Predigt- und Seelsorgeorte des Meisters. Es gilt insbesondere jetzt, scholastische bzw. universitäre Theologie in praktizierte Spiritualität umzumünzen. Dieser Prozeß der Umprägung hat bis ins Sprachliche hinein zu geschehen. Mönche und Nonnen, die keinen Zugang zur Schultheologie haben, jedoch nach mystischer Erfahrung drängen, sollen in der Weise einen Innenweg geführt werden, daß das Bibelwort augenblickliches, innerstes Glaubenserlebnis werden kann. Eine seiner Ansprachen schließt Eckhart: *Daß wir uns innen finden im Tage und in der Zeit der Vernunft und im Tage der Weisheit und im Tage der Gerechtigkeit und im Tage der Seligkeit, – dazu helfe uns der Vater und der Sohn und der Heilige Geist. Amen.* [40]

Sicher ist ein großer Teil der Predigten Eckharts während seiner Straßburger Zeit gehalten worden, unter ihnen die bekannte Predigt *Vom edlen Menschen*[41] sowie der Traktat *Das Buch der göttlichen Tröstung*[42]. Die beiden jungen Dominikanerbrüder, der Straßburger Johannes Tauler (1300–61) und der aus Konstanz stammende Heinrich Seuse (um 1295–1366) mögen hier erste Eindrücke von ihrem großen Lehrer empfangen haben, denn es ist anzunehmen, daß Eckhart in Straßburg das Generalstudium der dortigen Dominikaner geleitet hat. Entscheidend für die Entfaltung der deutschen Mystik aber ist zweifellos das mystische Leben in den zahlreichen Nonnenklöstern[43], die im Umkreis von Eckharts oberdeutscher Tätigkeit gehören. Während in der Heimatprovinz Saxonia nur neun Frauenklöster gezählt werden, gibt es in der süddeutschen bzw. alemannischen 65. Aus den zahlreichen «Schwesternbüchern» mit ihren Nonnenviten und visionären Berichten wissen wir etwas von der durch Askese und Glaubenshingabe geprägten Spiritualität der Dominikaner-Schwestern, zum Beispiel des berühmten Klosters Unterlinden in Colmar, wo heute Matthias Grünewalds nicht minder berühmter Isenheimer Altar Aufstellung gefunden hat; da sind ferner die Klöster Adelhausen in Freiburg mit der Chronik der Anna von Münzingen; das geistliche Leben der Schwestern von Kloster Töß bei Winterthur beschrieb Heinrich Seuses geistliche Tochter Elsbeth Stagel. Weitere Klöster mit Dominikanerinnen gibt es in Ötenbach in Zürich, in Katharinental bei Dießenhofen am Oberrhein sowie in anderen Klöstern Südwestdeutschlands, in denen Ordensfrauen sich neben ihren Alltagspflichten redlich mühen, dem Christus der Passion durch strenge Askese gleichförmig (conformitas) zu werden und das Hochziel der Mystik, die unio mystica, zu erlangen. Vergleicht man freilich dieses immerstrebende Bemühen der Nonnen mit der Rede Eckharts von der zu suchenden Weiselosigkeit des

Heinrich Seuse. Nach einem anonymen Gemälde des 15. Jahrhunderts

Umgangs mit Gott, dann wird der Meister manches Wort der Korrektur über dieses inbrünstige Verlangen nach Christusnähe gesagt haben. Die Predigten zeigen das – wie wir noch sehen werden – von Fall zu Fall.

Was diese Wirksamkeit des bisweilen schwärmerisch verehrten, von manchen Kollegen nicht ohne Skepsis beobachteten Meisters anlangt, so läßt sich zusammenfassend sagen: «Sicher ist ein großer Teil seiner hinreißenden und oft aufreizenden deutschen Predigten in der Straßburger Zeit in den vielen Frauenklöstern des oberen Rheintales als den eigentlichen Pflanzstätten und Zentren mystischen Geistes und Lebens gehalten und erstmalig nach dem gesprochenen Wort in Nachschriften seiner Hörerinnen mehr oder weniger verständnisvoll oder unzulänglich, von Mißverständnissen und Verballhornungen aller Art, von Lücken und Zusätzen durchsetzt, aufgezeichnet worden.» Der als Eckhart-Herausgeber verdiente Josef Quint klagt in diesem Zusammenhang: «Besäßen wir sie doch nur, diese Nachschriften! Was auf uns gekommen ist, sind indessen Kopien, die fast durchgängig erst hundert und mehr Jahre nach Eckeharts[44] Tode aufgezeichnet wurden, ohne daß wir ahnen, wie viele Zwischenglieder verlorengegangen sind und wie viele Entstellungen des ursprünglich gesprochenen Wortes Eckeharts bewußt oder unbewußt erst durch die Kopierarbeit verursacht worden sind.»[45] Es ist dies die Klage des Textkritikers, der durch gewissenhaften Vergleich der Handschriften den «echten Eckhart» auszumachen und dem heutigen Leser nahezubringen sucht.

Wie man sieht ist die Wirksamkeit Eckharts durch den mehrfachen Wechsel von Hochschultätigkeit und praktischer Seelsorge bzw. Menschenführung bestimmt. Als der Meister sein sechstes Lebensjahrzehnt bereits überschritten hat, folgt er nochmals dem Ruf seines Ordens; diesmal zur Leitung des Generalstudiums nach Köln. Man rechnet damit, daß ihm in der Regel etwa 30 Studenten anvertraut sind, die aus verschiedenen Ordensprovinzen hierher entsandt wurden, und zwar auch solche aus den Provinzen Polonia (Polen), Hungaria (Ungarn) und Anglia (England). Der Wirkungsradius ist somit ein denkbar großer. Dem Leiter ist ein weiterer Theologe als Lektor zugeordnet, nämlich Nikolaus von Straßburg. Dieser gilt als Vikar des Ordensgenerals in der Provinz Teutonia zugleich als Eckharts Visitator. Er hat somit auf die Einhaltung rechtgläubiger Lehre zu achten.

Orthodoxie ist eines der brennenden Probleme der Zeit. Das Verlangen nach eigener religiöser Erfahrung, nach spiritueller Gott-Unmittelbarkeit ist groß, entsprechend geschärft sind Auge und Ohr der kirchlichen Hüter des Dogmas. Sie drohen in dem Augenblick überflüssig zu werden, in dem diese Gott-Unmittelbarkeit für einen Menschen innerste Gewißheit wird. Das Gespenst der Häresie geht um in Europa! Unbarmherzig pflegen dann die Ketzerrichter zuzuschlagen. Eckhart muß unter anderem von der Verbrennung der Marguerite Porete gehört haben. Sie geschah kurz vor seinem vierten Pariser Aufenthalt. Die Liebesmystik dieser Frau kann ihm nicht verborgen geblieben sein.[46] Der Häresie verdächtigt man seit langem Beginen und Begarden.[47] Verfolgt werden allenfalls jene, die als «Brüder und Schwestern des freien Geistes und der freiwilligen Armut» von sich reden machen. Da die Übergänge zwischen Rechtgläubigen und Häretikern zerfließen, muß schon der Straßburger Prediger das Problem aus eigener Anschauung kennengelernt haben. Denn im August 1317 machte der Bischof von Straßburg Johann I. solchen radikalen Begarden den Prozeß. Den in der Stadt am Rhein überaus zahlreichen Beginen gebot er unterschiedslos die Unterordnung unter die kirchlichen Gepflogenheiten.[48] Immerhin zählte man ca. 85 Beginen-Häuser allein in Straßburg. So ermißt man leicht, daß selbst ein so angesehener Prediger und Professor wie Eckhart ins Gerede kommt, wenn er in seinen Unterweisungen jene kühne Rede führt, durch die er weiterhin bekannt, ja berühmt werden sollte. Der Prediger macht sich verdächtig, vor allem weil er sich, abgesehen von seinen Lehrverpflichtungen an der Ordensschule, an das theologisch ungebildete Volk wendet, eben in der Sprache des Volks.

Denen, die ihm vorhalten, man solle Subtiles nicht den Ungelehrten nahebringen, antwortet er im *Buch der göttlichen Tröstung* unverblümt: *Soll man nicht ungelehrte Leute (be-)lehren, so wird niemals wer gelehrt, und so kann niemand (dann) lehren oder schreiben. Denn darum belehrt man die Ungelehrten, daß sie aus Ungelehrten zu Gelehrten werden. Gäbe es nichts Neues, so würde nichts Altes. «Die Gesund sind», sagt unser Herr, «bedürfen der Arznei nicht»* (Luk. 5,31). *Dazu ist der Arzt da, daß er die Kranken gesund mache.* Und was die Möglichkeiten der Mißdeutung anlangt, so gibt sich Eckhart unbesorgt. Er vertraut auf seine Intentionen, die ohne Arg sind, wenn er hinzufügt: *Ist aber jemand, der dieses Wort unrecht versteht, was kann der Mensch dafür, der dieses Wort, das recht ist, recht äußert... Der liebreiche, barmherzige Gott, die Wahrheit (selbst), gebe mir und allen denen, die dies Buch lesen werden, daß wir die Wahrheit in uns finden und gewahr werden. Amen.*[49] – Damit ist Eckharts Position und Urteilsgrundlage unmißverständlich definiert, nämlich die in Gott gründende *Wahrheit in uns*, die allein es zu finden und zu bewahren gilt. Zweifellos die Position eines Wagemutigen. Fragt sich nur, wie lange ein einzelner der kirchlich sanktionierten Institution der Ketzerjäger standzuhalten vermag.

Auch wenn Eckhart in Köln in erster Linie zu lehren, also in lateinischer Sprache zu unterrichten hat, haftet ihm doch bald der Ruch an, ein Häretiker zu sein. Es genügt, hin und wieder riskante Sätze in deutscher Sprache seinen Predigten einzufügen, sicher nicht um zu provozieren. Vielmehr: wes' das Herz voll ist, des' geht der Mund über! In der Diözese Heinrichs II., seit 1304 Erzbischof von Köln, ist dergleichen lebensgefährlich. Energisch verfolgt der Oberhirte die Spuren der zeitgenössischen Ketzerbewegungen. 1326 leitet er ein Inquisitionsverfahren gegen Meister Eckhart ein. Es gibt also kein Pardon für den berühmten Leiter des traditionsreichen Generalstudiums der Dominikaner. Ob irgendwelche Intrigen im Spiel sind, etwa auch von der Seite der franziskanischen Konkurrenz? Die Gründe bzw. Anlässe lassen sich nicht präzis benennen. Verdächtigungen haben sich mystisch Strebende immer wieder ausgesetzt. Aber hier liegt «der erste und einzige Inquisitionsprozeß gegen einen angesehenen Theologen und Ordensmann im Mittelalter» (J. Koch) vor. Erfahrungsgemäß weiß man, wen einmal die Fänge jener «Heiligen Inquisition» erfaßt haben, den lassen sie nicht mehr los. Und wie gründlich die Kölner Behörde unter Leitung des Erzbischofs zu Werke geht, beweisen die in diesen Jahren erfolgten Hinrichtungen. Man verbrannte bzw. ertränkte im Rhein zahlreiche Begarden, die der Sekte der Brüder und Schwestern des «Freien Geistes» zugerechnet worden

Stadtsiegel von Köln, 13. Jahrhundert

sind. Somit ist es bezeichnend, daß Eckhart in zeitlicher Nähe zu diesen Vorkommnissen angeklagt wird.

Dennoch sucht der Orden den Angriff auf sein prominentes Mitglied abzuwehren. (Genau genommen erfolgt dies durch Eckharts Mitarbeiter; von einer definitiven Verteidigung durch den Ordensgeneral bzw. durch die Ordensleitung ist nichts bekannt.) Als eine Verteidigungsmaßnahme läßt sich jedenfalls die Initiative des Kölner Lektors Nikolaus von Straßburg werten. In seiner Eigenschaft als Vikar und Visitator des dominikanischen Ordensgenerals leitet er seinerseits eine Überprüfung der Rechtgläubigkeit Eckharts ein. Er kommt damit dem Prozeß des Erzbischofs zuvor. Diese ordensinterne Überprüfung bestätigt die Rechtgläubigkeit Eckharts ausdrücklich. Die Inquisitoren zeigen sich indes davon völlig unbeeindruckt. Nikolaus muß später selbst ein entsprechendes Disziplinarverfahren über sich ergehen lassen. Die Anklage lautet bei ihm auf Behinderung des Prozesses. Dieser nimmt in Köln seinen Anfang. Endlich tritt einmal die Person Eckharts mit einer gewissen Deutlichkeit hervor, freilich nur auf der Grundlage von Gerichtsakten und den damit verbundenen Begleiterscheinungen.

Die Umstände, unter denen der Eckhart-Prozeß eingeleitet wird, können den Angeklagten nicht besonders zuversichtlich gestimmt haben. Zwei Franziskanerpatres fungieren auf der Anklageseite. Auch wenn man ausschließt, daß von dieser Seite her belastendes Material unterbreitet worden ist, so ist doch das Rivalitätsverhältnis zwischen Franziskanern und Dominikanern bekannt. Schwerer wiegt sicher, daß zwei Kölner Mitbrüder, nämlich Hermann de Summo (vom Dom) und Wilhelm von Nidecken als Zeugen der Anklage dienen. Beide sind aus zeitgenössischen Unterlagen als «üble und gefährliche Burschen» (criminatores et infamatores) charakterisierbar, und zwar bis dahin, daß Wilhelm von Nidecken die Häresieanklagen «mit frei erfundenem Material ergänzte» (K. Ruh). Und was die Ordensleitung anlangt, so schweigt sie offiziell. Ja, sie «distanzierte sich nach dem Urteil von einem ihrer größten Söhne, indem dessen Schriften nicht in den Schriftstellerkatalog des Ordens aufgenommen wurden»[50]. Da fällt auch nicht die Aussage des Generalprokurators der Dominikaner, Gerhards von Podahns ins Gewicht, der beteuert, «niemand, der Eckharts Leben kenne, könne an seinem Glauben und der Heiligkeit der Lebensführung zweifeln».

Was für die Inquisitoren zählt, das sind die Texte, genauer: die aus dem Kontext herausgelösten «Stellen». Die in Abschrift enthaltenen Protokolle über zwei Kölner Untersuchungsverhandlungen zeigen, daß mehr als hundert solcher Sätze aus Reden bzw. Schriften Eckharts als häretisch bzw. als der Häresie verdächtig angegeben werden. Zu diesem Zweck hat die Kölner Behörde vier oder fünf Listen erstellt. 49 Sätze stammen aus den lateinischen Werken, aus dem *Büchlein der göttlichen Tröstung* sowie aus deutschen Predigten. Weitere 59 Texte stellen Exzerpte aus deutschen Predigten dar.

Eckhart bekommt die Möglichkeit, sich hierzu zu äußern. Er tut dies mit einem erstaunlichen Selbstbewußtsein und indem er seine Ankläger bzw. deren Helfershelfer selbst beschuldigt. In dieser seiner Rechtfertigungsschrift – man fand sie 1880 in der Stadtbibliothek von Soest[51] – heißt es wörtlich: *Gemäß der Freiheit und den Privilegien unseres Ordens bin ich nicht gehalten, vor Euch zu erscheinen noch auf die (gegen mich erhobenen) Vorwürfe zu antworten, zumal ich nie der Häresie beschuldigt worden bin und jemals im Rufe (der Häresie) gestanden habe, wofür mein ganzes Leben und meine Lehre Zeugnis geben, und damit stehe ich im Einklang mit der Ansicht meiner Brüder des ganzen Ordens und des Volkes beiderlei Geschlechts im gesamten Umkreis der Ordensnation. – Daraus erhellt zweitens, daß der Auftrag, der Euch vom ehrwürdigen Vater, dem Herrn Erzbischof von Köln (dessen Leben Gott erhalten möge), erteilt wurde, keinerlei Rechtskraft hat, entstammt er doch verleumderischer Einflüsterung, einer üblen Wurzel also und einem üblen Baum. Hätte ich geringeren Ruf beim Volke und minderen Eifer für die Gerechtigkeit, so wäre gewißlich nichts dergleichen von meinen Neidern gegen mich versucht worden. Indessen kommt es mir zu, dies geduldig zu tragen, denn «Selig sind, die*

Köln, Dominikanerkloster. Ausschnitt aus einem Gemälde von Johann Hulsmann, 1624

um der Gerechtigkeit willen leiden» und *«Gott züchtigt einen jeglichen Sohn, den er annimmt», nach den Worten des Apostels Paulus, auf daß ich mit Recht mit dem Psalmisten sage: «Ich bin auf Züchtigung gefaßt».*[52]

Trotz der seiner Meinung nach Nichtzuständigkeit des Gerichts stellt sich Eckhart, um, wie er selbst durchblicken läßt, nicht den Anschein zu erwecken, er sei einer Verantwortung nicht gewachsen. Inhaltlich gesehen ist diese Rechtfertigungsschrift in mancher Hinsicht aufschlußreich, nicht am wenigsten für die heutige Eckhart-Forschung. Denn sie enthält wichtige Anhaltspunkte für die Echtheit einzelner Schriften und Predigten.

So bekennt sich Eckhart zu seinem *Buch der göttlichen Tröstung*, in der Anklageschrift «Liber benedictus deus» genannt. Und was die inkriminierten Sätze aus seinem Genesis-Kommentar betrifft, so betont er, *daß alles darin wahr ist, wiewohl manches ungewöhnlich und subtil sein mag*. Zu dieser Subtilität bekennt er sich bereits im Trostbuch, wenn er dort abschließend den Philosophen Seneca zitierend bekräftigt: *Man soll von großen und hohen Dingen mit großen und hohen Sinnen sprechen und mit erhabener Seele.*[53] Dabei sind nach Eckharts Überzeugung *Ungelehrte* nicht etwa auszunehmen. Gerade sie bedürfen der spirituellen Unterweisung. Die Gefahr des Mißverstandenwerdens darf hierbei kein Hinderungsgrund sein. Denn letztlich gehe es ihm stets darum, das Mysterium des Glaubens so darzubieten, daß die Menschen, die gesunden und frommen Sinnes sind, zur Gottesliebe entflammt werden. Dabei will der seiner Sache so sichere Angeklagte keineswegs ausschließen, daß der eine oder andere ihm vorgelegte Textauszug *Sinnloses, Dunkles, Verwirrtes und gleichsam Schlaftrunkenes* enthalte. Merkwürdigerweise bezieht Eckhart dies auf eine Stelle aus der für sein Werk sehr bedeutsamen Predigt Nr. 2 (*Intravit Jesus in quoddam castellum...*)[54], von der noch zu sprechen sein wird. Aber offensichtlich ist hier mit einem Grundproblem Eckhartscher Mystik bzw. mit dem seiner Anklage zu rechnen, denn man hat den aus Hörernachschriften stammenden nicht zweifelsfreien Text ins Lateinische übersetzt. Der Angeklagte sieht sich dabei dem Dilemma gegenüber, daß er einerseits die Autorschaft bestätigen muß, andererseits die in der Sprache der lehrenden Kirche vorgetragene, notgedrungen verkürzte Aussage selbst nicht mehr bejahen kann.

Meister Eckhart, dem es verständlicherweise darum zu tun ist, als Prediger sowie auch als theologischer Lehrer voll rehabilitiert zu werden, drängt auf eine Beschleunigung des Prozesses. Außerdem ist er bereits Mitte Sechzig. So tritt er am 24. Januar 1327 vor seine Kölner Untersuchungsrichter hin, die jenen fragwürdigen Anklägern aus seiner eigenen Bruderschaft offensichtlich mehr Gehör geschenkt haben als verantwortbar. Er appelliert an den in Avignon residierenden Papst Johannes XXII. Er unterwirft sich damit einem Mann – einem Greis von mehr als 80 Jahren –, der sich sowohl als Repräsentant der von weltlicher Pracht umgebenen, «triumphierenden» Kirche wie auch als Ketzerbekämpfer einen Namen gemacht hat. Eckharts Zuversicht ist größer als deren Berechtigung.

Auch seinen sonntäglichen Predigthörern gegenüber fühlt sich Eckhart verantwortlich. Am 23. Februar wendet er sich an die Öffentlichkeit, die ihrerseits eine Rechenschaft aus dem Mund ihres Seelsorgers erwarten darf. In der Dominikaner-Kirche zu Köln läßt er durch seinen Mitbruder Konrad von Halberstadt in deutscher wie in lateinischer Sprache eine Erklärung verlesen, aus der hervorgeht, was sein Anliegen stets gewesen ist. Die öffentliche Klarstellung seiner Position ist aus verschiedenen Gründen nötig geworden. Es darf beispielsweise angenommen werden, daß der Professor am Generalstudium der Dominikaner als Angeklagter vor einem Inquisitionsgericht seines Lehrauftrags verlustig gegangen ist. Bald ein Jahr ist seitdem vergangen. Und so hebt die Erklärung an: *Ich, Meister Eckhart, Doktor der heiligen Theologie, erkläre, Gott zum Zeugen anrufend, vor allem, daß ich jeglichen Irrtum im Glauben und jede Abir-*

Die Wahl Johannes' XXII. zum Papst (1316). Miniatur aus der «Chronica Villani», um 1370

rung im Lebenswandel immer, so viel es mir möglich war, verabscheut habe, da Irrtümer dieser Art meinem akademischen Status und Mönchsstand widerstritten hätten und noch widerstreiten. Aus diesem Grunde widerrufe ich, sofern sich in dieser Hinsicht etwas Irrtümliches finden sollte, was ich geschrieben, gesprochen oder gepredigt hätte, privat oder öffentlich, wo und wann auch immer, unmittelbar oder mittelbar, sei es aus schlechter Einsicht oder verkehrten Sinnes: das widerrufe ich hier öffentlich und Euch allen und jeglichem, die gegenwärtig versammelt sind, weil ich dieses von nun an als nicht gesagt oder geschrieben betrachtet haben will, besonders aber auch, weil ich vernehme, daß man mich übel verstanden haben will...

Es darf wohl bezweifelt werden, ob eine derartige Erklärung eine positive Rückwirkung auf den Prozeß haben konnte. Kommt dieser Vorweg-Widerruf nicht eher einem Schuldgeständnis gleich, das die Anklage für ihre Zwecke zu verwenden imstande ist? Josef Koch spricht von einer «Flucht in die Öffentlichkeit» und nennt die Äußerung als solche «das peinlichste Dokument des ganzen Prozesses». Eckhart ist wohl ein großer

Prediger und Menschenführer; für seine Verteidigung vor Gericht aber hätte er den Beistand eines anderen nötig gehabt. Und um ein Beispiel zu geben, wie er von deutschen Predigthörern mißverstanden worden sein mag, fährt er fort: *Ein Etwas sei in der Seele, um dessentwillen sie, wenn die ganze Seele so wäre, als ungeschaffen zu bezeichnen wäre, und dies halte ich mit Doktoren, meinen Kollegen, insofern für wahr, als die Seele dem Wesen nach Intellekt wäre. Niemals habe ich auch meines Wissens gesagt, noch bin ich der Meinung gewesen, daß etwas in der Seele sei, was zwar ein Teil der Seele sei, indes ungeschaffen und unschaffbar, weil so die Seele aus Geschaffenem und Ungeschaffenem bestände. Vielmehr habe ich das Gegenteil geschrieben und gelehrt, wenn nicht einer (kommt und) erklärt, ungeschaffen und nicht geschaffen heiße so viel wie nicht an und für sich erschaffen, sondern hinzugeschaffen...* – Für ein in der scholastischen Theologie ungeübtes Predigtpublikum ist das sicher eine schwer, wenn nicht unverdauliche Kost. Eckhart fügt hinzu: *Vorbehaltlich aller (dieser Richtigstellungen) korrigiere und widerrufe ich, wie ich (eingangs) gesagt habe, und ich werde im allgemeinen wie im einzelnen und immer, wann es dienlich sein wird, alles korrigieren und widerrufen, wovon sich ermitteln ließe, daß es keinen ganz gesunden Sinn hat.*[55] Alles in allem wenig überzeugende Sätze, jedenfalls nicht geeignet, das Selbstbewußtsein sowie die Position des Meisters zu stärken oder den Inquisitoren die Argumente ihrer Anklage aus der Hand zu schlagen.

Der weitere Fortgang des Prozesses bestätigt allenfalls die Ankläger. Eckhart muß zur Kenntnis nehmen, daß seine Appellation an den päpstlichen Stuhl als unbegründet abgewiesen wird. Zugestanden wird ihm lediglich, vor den Behörden in Avignon zu erscheinen. Darauf geht er offensichtlich ein. Dem nunmehr Siebenundsechzig- oder Achtundsechzigjährigen steht eine beschwerliche Reise nach Südfrankreich bevor, von der er nicht mehr zurückkehrt. Eine aus Kardinälen und Theologen zusammengesetzte Kommission prüft in Avignon nochmals das aus Köln übermittelte Material, das heißt: nicht Leben und Werk Eckharts stehen zur Diskussion, sondern Einzelzitate werden ohne Berücksichtigung des Zusammenhangs an der gängigen Kirchenlehre gemessen. Auch wenn man unterstellt, daß die Behörden an Rhein und Rhône formaljuristisch sauber gearbeitet haben, kann der negative Ausgang des Verfahrens nicht verwundern. Das Resultat steht, mit denkbaren Modifikationen, von vornherein fest. Modifiziert ist die Zahl der beanstandeten Sätze. Von ursprünglich 108 sind 28 übrig geblieben. Und auch von diesen werden nur siebzehn als eklatant häretisch und mit dem Dogma unvereinbar deklariert. Die übrigen elf werden als «der Häresie verdächtigt», als «sehr kühn» bzw. als «übelklingend» befunden.

Am 27. März 1329 unterzeichnet der vierundachtzigjährige Papst Johannes XXII. die diesbezügliche Verdammungsbulle «In Agro dominico – Auf dem Acker des Herrn». Darin heißt es wörtlich: «Fürwahr, mit

Inquisition: Die Festung des Glaubens wird gegen Ketzer (mit Binde, d. h. Verblendete) und gegen die sieben Todsünden verteidigt. Französische Buchminiatur des 15. Jahrhunderts

Schmerz tun wir kund, daß in dieser Zeit einer aus deutschen Landen, Eckehart mit Namen, und, wie es heißt, Doktor und Professor der Heiligen Schrift, aus dem Orden der Predigerbrüder, mehr wissen wollte als nötig war, und nicht entsprechend der Besonnenheit und nach der Richtschnur des Glaubens, weil er sein Ohr von der Wahrheit abkehrte und sich Erdichtungen zuwandte. Verführt nämlich durch jenen Vater der Lüge, der sich oft in den Engel des Lichtes verwandelt, um das finstere und häßliche Dunkel der Sinne statt des Lichtes der Wahrheit zu verbreiten, hat dieser irregeleitete Mensch, gegen die helleuchtende Wahrheit des Glaubens auf dem Acker der Kirche Dornen und Unkraut hervorbringend und emsig beflissen, schädliche Disteln und giftige Dornsträucher zu erzeugen, zahlreiche Lehrsätze vorgetragen, die den wahren Glauben in vieler Herzen vernebeln, die er hauptsächlich vor dem einfachen Volke in seinen Predigten lehrte und die er auch in Schriften niedergelegt hat...»[56]

Damit hat Rom – via Avignon – wieder einmal gesprochen; die Sache ist durch die offizielle Verdammungsurkunde «erledigt». Übrig bleibt von Meister Eckhart nach dem Willen des Inquisitionstribunals nicht mehr als ein von der Wahrheit abgekehrter, durch den Teufel verführter, irregeleiteter und das einfache Volk verführender Mensch. Zu seinen Gunsten ist lediglich zu sagen, daß «der genannte Eckehart am Ende seines Lebens, den katholischen Glauben bekennend, die angeführten... Artikel, die gepredigt zu haben er bekannte... widerrufen wie auch verworfen hat...»[57].

Wie immer dieser angeblich «am Ende seines Lebens» vollzogene Widerruf Eckharts im einzelnen zu bewerten sein mag, fest steht, daß er diese Verdammungsurkunde nicht mehr gesehen haben kann. Und da das Dokument offensichtlich auf Verlangen des Kölner Erzbischofs schon Monate zuvor angefordert worden ist, vermutet man Eckharts Tod in der Zeit vor April des Jahres 1328. Sterbeort mag Avignon geworden sein. Doch mit letzter Sicherheit läßt sich dies nicht mehr feststellen.

Avignon: der Palast der Päpste

Die lateinischen Werke

Wie aus dem Lebens- und Entwicklungsgang Eckharts ersichtlich, geht seiner Wirksamkeit als Prediger und Seelsorger ein wichtiger Teil seiner philosophisch-theologischen Studien sowie seiner ersten Lehrtätigkeit voraus. Dieser Abschnitt reicht bis an die Lebensmitte heran, also bis zu dem Zeitpunkt, als er (um 1294) ins Heimatkloster nach Erfurt zurückkehrt, wo er lokale und regionale Leitungsfunktionen im Dominikanerorden zu übernehmen hat. Schon von daher ist es natürlich, daß Eckharts Schaffen eine lateinische Werkeinheit vorgeschaltet ist. Diese «lateinischen Werke» (LW)[58] sind jedoch nicht allein auf die verschiedenen Paris-Aufenthalte beschränkt. «Magister», also Professor und Doktor der Theologie, bleibt Eckhart bis an sein Lebensende. Die Lehraufträge in Straßburg und Köln bestätigen dies. Die päpstliche Verdammungsurkunde seiner als häretisch befundenen Sätze hält diesen Tatbestand ausdrücklich fest.

Der an den alten Philosophen und Vätern der Kirche (Aristoteles, Augustinus, Boethius) geschulte Denker ist seiner eigentlichen Berufung nach Theologe. Als solcher orientiert er sich an der Bibel des Alten und Neuen Testaments. Gemäß dem Motto Anselms von Canterbury «Fides quaerens intellectum» (der Glaube verlangt nach Erkenntnis) geht es dem Theologen Eckhart darum, die Erkenntnisinstrumente des menschlichen Intellekts einzusetzen, um auf diese Weise dem Geheimnis des Glaubens so nah wie nur möglich zu kommen. Der Scholastiker Anselm drückt die Forderung des Glaubens so aus: «Wie die rechte Ordnung es erfordert, die tiefen Geheimnisse des christlichen Glaubens zuerst zu glauben, ehe wir daran gehen, diese mit dem Verstand zu diskutieren, ebenso scheint es mir eine Nachlässigkeit zu sein, wenn wir im Glauben gefestigt nicht das, was wir glauben, zu verstehen suchen.»[59]

Eckhart zögert nicht, diesem Bahnbrecher der Scholastik rückhaltlos zuzustimmen. Schon von daher verbinden sich seine im wesentlichen lateinisch gefaßten philosophischen Schriften mit denen der spirituellen Erfahrung bzw. mit denen, die zur mystischen Praxis anleiten wollen. Seine Absicht (intentio auctoris) ist es, die Botschaft des christlichen Glaubens mit den Mitteln der Vernunft (rationes naturales) zu erhellen, für sich wie für andere. So ist Eckhart stets – im besonderen aber gerade hier – Theo-

Dominikaner-Magister an einer Universität.
Miniatur aus einer Handschrift, Universitätsbibliothek Bologna

loge und Philosoph in einem. Diese Doppelfunktion des «Mystikers» und des Scholastikers ist ebensowenig zu trennen wie die des lehrenden Theoretikers (*lesmeister*) von der des Praktikers der christlichen Frömmigkeit (*lebmeister*). Sieht man näher hin, dann ist die Verknüpfung freilich eine eigentümliche, wenn nicht eine untergründige. Sie liegt nicht immer offen zutage. Sie muß vielmehr erst erarbeitet werden und ist damit vor allem eine Aufgabe der Eckhart-Forschung.

Man sehe sich, um ein Beispiel zu geben, einmal Eckharts philosophische Grundworte (termini generales) an, mit denen er den ersten Teil seines lateinischen Werks, die sogenannten *Propositionen*, eröffnet, und vergleiche diese Grundworte mit den Themen in seinen deutschen Predigten. Man wird dann die Unterschiede zwischen dem lateinischen und dem deutschen Werk deutlich erkennen. Eckhart zählt insgesamt vierzehn solcher Grundworte auf. In echt scholastischer Weise gibt er ihnen eine dialektische Struktur, das heißt er fügt zur These die Antithese, zur Position die Negation hinzu:

Der erste Traktat handelt: Vom Sein und vom Seienden und von dessen Gegensatz: Vom Nichts,
der zweite: Von der Einheit und vom Einen, und von dessen Gegensatz, das ist das Viele,

der dritte: Von der Wahrheit und vom Wahren, und von dessen Gegensatz: Vom Übel,
der vierte: Von der Gutheit und vom Guten, und von dessen Gegensatz: Vom Übel,
der fünfte: Von der Liebe, und von deren Gegensatz: Von der Sünde,
der sechste: Vom sinnlich Guten, von der Tugend und vom Rechten, und von deren Gegensätzen: Von dem sittlich Schlechten, vom Laster und vom Unrechten,
der siebte: Vom Ganzen, und vom Teil, seinem Gegensatz,
der achte: Von dem Allgemeinen und Ununterschiedenen, und von deren Gegensätzen: Vom eigenen und dem Unterschiedenen,
der neunte: Von der Natur des Oberen und Von der des Niederen, seines Gegensatzes,
der zehnte: Von dem Ersten und von dem Letzten,
der elfte: Von der Idee und von dem Grund, und von deren Gegensätzen: Von dem Formlosen und der Beraubung,
der zwölfte: Von dem, wodurch etwas ist, und von dem, was etwas ist, dem von jenem Unterschiedenen,
der dreizehnte: Von Gott selbst, dem höchsten Sein, das keinen Gegensatz hat außer dem Nicht-Sein,
der vierzehnte: Von der Substanz und vom Akzidens.[60]

Die Betrachtung dieser Leitworte aus dem allgemeinen Prolog (*Prologus generalis*) zeigt, daß man zentrale Gedanken des deutschen Predigtwerks, die als «typisch eckhartisch» bezeichnet werden könnten, hier vergebens sucht. Also kein Wort etwa von *Abgeschiedenheit*, von der Geburt Gottes im Seelengrund oder von der Forderung nach bedingungsloser Gelassenheit. Dagegen zeigt sich, wie stark Eckhart in den lateinischen Schriften als Magister mit den Grundfragen der Scholastik beschäftigt ist, namentlich mit der Frage des Verhältnisses von Sein (esse) und Gott. Für Eckhart nimmt die zentrale theologisch-philosophische These eine Doppelgestalt an, nämlich «Deus est esse (Gott ist das Sein)» und: «Esse est deus (Das Sein ist Gott)». Damit ist das Feld metaphysischer Spekulation betreten.

Im sogenannten *Opus tripartitum*, dem dreigeteilten Werk, hat dieses Vorgehen seinen Niederschlag gefunden, teils ausgeführt, großenteils jedoch nur als Entwurf skizziert:

Teil I stellt das *Opus propositionum*, das Thesenwerk, dar. Die angeführten vierzehn philosophischen Grundworte zu den Traktaten sollten mehr als 1000 Thesen umfassen.

Teil II ist das *Opus quaestionum*, das Werk der Probleme. In ihm ordnet der Autor seinen Stoff in ähnlicher Weise, wie es Thomas von Aquin in seiner Theologischen Summe (Summa theologica) unternommen hat. Das heißt jedoch nicht, daß Eckhart in jeder Hinsicht seinem großen Ordensbruder zu folgen bereit wäre. Er kann jedenfalls nicht im strengen Sinne als Thomist subsumiert werden.

Der III. Teil wird *Opus expositionum* genannt. Er besteht aus Auslegungen biblischer Bücher (Genesis, Exodus, Jesus Sirach, Sapientia, Johannes-Evangelium) und lateinischen Predigten, Vorlesungen bzw. Predigtentwürfen. Eine systematische oder gar vollständige Behandlung der Bibel kann, schon von der damit verbundenen Arbeitsfülle her gesehen, nicht beabsichtigt gewesen sein. Indem Eckhart notgedrungen eine Textauswahl trifft, setzt er Schwerpunkte. Der Eckhart-Herausgeber Heribert Fischer faßt andererseits zusammen: «Das Gesamtwerk Eckharts ist als eine einzige große Abbreviatur anzusehen und als eine solche Abbreviatur zu lesen... [Es] wird das Prinzip der Beschränkung und Sparsamkeit angewandt. Und das geschieht in zweifacher Hinsicht (LW I,151,14; LW I,183,7.8; 184,12). Erstens werden hier nur Teile, Einzelstücke, also nochmals Fragmente vorgelegt (LW I,151,15); was sonst schon anderswo behandelt ist, wird hier nicht aufgenommen, wird ausgeschlossen, es wird höchstens darauf verwiesen, Wiederholungen werden vermieden, statt dessen werden Verweise, Vor- und Rückverweise, eingefügt. Im besonderen wird im Werk der *Quaestionen* und der *Expositionen* nur in Auswahl, nicht kontinuierlich, nicht als ‹lectio continua›, von relativ sehr wenigen Fragen und Auslegungen einiges wenige vorgelegt, immer im Hinblick auf schon anderswo Ausgeführtes (LW I,151,16f)... Es muß darum der Klugheit und dem Scharfsinn des Lesers überlassen bleiben, mitzudenken und weiterzudenken.»[61]

Unnötig, zu sagen, daß gerade der lateinische Eckhart von seinen Lesern ein hohes Maß an Konzentration und Aufnahmefähigkeit verlangt. Eckharts Schwerverständlichkeit bekommt von daher eine neue Dimension. Ein um die Edition der lateinischen Werke so verdienter Forscher wie Josef Koch zieht im Blick auf den lateinischen Prediger Eckhart den Schluß: «Nimmt man nun hinzu, daß Eckhart... seine Darstellung mit vielen Zitaten verbrämt, die nicht mit der Sache selbst verwechselt werden dürfen, so wird verständlich, daß man mit dem Meister sehr vertraut sein muß, um ihn richtig zu interpretieren, und ich kann trotz meiner langjährigen Beschäftigung mit ihm nicht behaupten, daß ich alles verstehe, was er geschrieben hat.»[62] Dieses Zeugnis einer großen Bescheidenheit wird nicht in der Absicht niedergeschrieben worden sein, den Benutzer normalisierter (d. h. aus dem Mittelhochdeutschen übersetzter) Texte Eckhartscher Predigten und Traktate zu entmutigen. Als Fingerzeig für eine behutsame, «vorläufige» Urteilsbildung aber sollte Josef Kochs Eingeständnis sicher ernst genommen werden.

Wenn nun die Frage nach dem Sein in der Gottesbeziehung des Menschen für Eckhart eine so große Bedeutung hat, dann stellt sich unter anderem die Frage, inwiefern zwischen dem lateinischen und dem deutschen Werk ein Brückenschlag möglich ist, vor allem wenn dort vom *Las-*

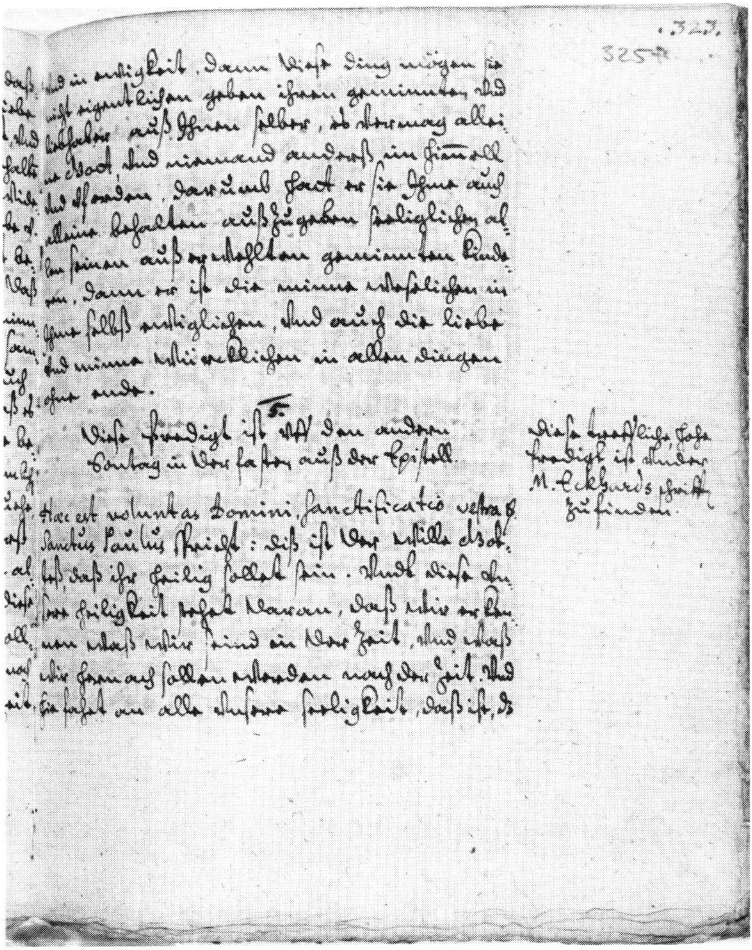
.323.

Diese Predigt ist auf den andern Sontag in der fasten auß der Epistell.

Haec est voluntas Domini, sanctificatio vestra &c.

Sanctus Paulus spricht: diß ist der wille Gottes, daß ihr heilig sollet sein.

diese treffliche hohe Predigt ist under M. Eckhards schrifft zu finden.

Eine «treffliche, hohe Predigt des Meister Eckhard». Handschrift aus dem 17. Jahrhundert

sen und von *Abgeschiedenheit* gesprochen wird. In der Tat sagt Eckhart immer wieder: *Alle creaturen sint ein lûter niht – Alle Kreaturen sind ein reines Nichts. Ich sage nicht, daß sie geringwertig oder überhaupt etwas seien; sie sind ein reines Nichts. Was kein Sein hat, das ist nichts. Alle Kreaturen (nun) haben kein Sein, denn ihr Sein hängt an der Gegenwart Gottes… Alle Kreaturen haben ohne Gott nicht mehr (Sein) als eine Mücke ohne Gott besäße, genau gleich viel, nicht weniger und nicht mehr.* [63] Diese Feststellung, die Eckhart seinen deutschen Predigthörern nahebringen will, ist im *Opus tripartitum* insofern denkerisch vorbereitet und begründet, als er dort Gott mit dem (reinen) Sein (esse) identifiziert. Als das Sein schlechthin, als «primus actus formalis», gibt er dem Geschöpflichen Anteil an seinem Sein, und zwar – nach Luther «allein aus Gnaden» – ist dieser Anteil lediglich *ze borge*, als ein geborgtes Gut anzusehen. Denn ohne Gott und außer Gott ist jegliche Kreatur eben *ein lûter niht.* Jeder Form eines eingebildeten Selbstseins der Kreatur ist daher eine radikale Absage, endgültiger Abschied zu geben, will der geschöpfliche Mensch nicht ein blindes Opfer seines Egoismus werden, gerade der spirituell strebende, der auf sein angeblich autonomes «Ich» stolze Mensch.

Es ist von entscheidender Wichtigkeit festzuhalten: Alle die hochgemuten Aussagen von dem hohen Wert und der Einzigartigkeit des «Seelenfunkens» (scintilla animae) im Menschen sind von dieser philosophisch-theologischen Grundlegung her zu verstehen. Dieses «von Gott her» ist der einzig-einzigartige Ermöglichungsgrund und der Impuls für die dem Menschen eingeborene Tendenz «zu Gott hin»; er ist die einzig-einzigartige Voraussetzung für die mystische Bewegung, wie sie Augustinus formuliert hat (Tu fecisti nos ad te – auf dich hin, Gott, hast du uns geschaffen). Eckhart sucht die Voraussetzung anthropologisch zu erklären, wenn er in seinem Kommentar zum Buche Genesis die geschöpfliche Doppelgestalt beschreibt: *Jedes Geschöpf hat ein zweifaches Sein. Das eine ist... im Wort Gottes, und das ist ein festes und beständiges Sein. Deswegen ist auch das Wissen von vergänglichen Dingen selbst unvergänglich, fest und beständig. Denn das Wissen erfaßt ein Ding in seinen Ursachen. Das andere (Sein) ist das Sein, das die Dinge in der äußeren Wirklichkeit, in der ihnen eigentümlichen Form haben. Das erste ist das Sein in der Kraft (ihrer Ursache), das zweite ist das durch die (eigene) Form bestimmte Sein, und das ist meist unstet und veränderlich.* [64] Um zu dem Einen zu gelangen, bedarf es eines Gefährts; um des unwandelbaren Seins gewiß zu werden, bedarf es eines adäquaten Instruments, eines Organs. Es ist das Denken.

Meister Eckhart läßt keinen Zweifel darüber aufkommen, wie hoch er das Denken einschätzt und welch großes Vertrauen er auf das Denken setzt, das mit dem Erfahren korrespondiert. [65] Nur wer alle Kräfte seines Intellekts darangibt, gelangt – «so Gott will» – zur erstrebten Erfahrung. Mehr noch, das Denken ist für ihn offensichtlich die maßgebende Weise der Erfahrung. Doch von einem ungestümen Erkenntnisoptimismus kann bei Eckhart nicht die Rede sein. Vor allem im Hinblick auf die Gotteserfahrung gibt es für ihn eine unüberschreitbare Grenze. Als denkend Erfahrender ist er sich deutlich bewußt, wie unüberbrückbar die Kluft zwischen Kreatur und Creator, zwischen Unten und Oben (natura superioris) ist. Mit einem Wort: *Das Untere faßt und erfaßt, begreift nicht das Obere* (inferiora non capiunt nec comprehendunt superiora). [66] Erfahrung, die hier allein gemeint ist, setzt Gleichheit voraus, eine Gleichheit, die nicht von unten her erlangt werden kann. Sie wird allein von oben her gegeben, immer wieder: «allein aus Gnaden». Nicht minder konkret ist der Meister, wenn er in einer deutschen Predigt – die Gnade des denkenden Erkennens einschließend – sagt: *Laß Gott in dir wirken, ihm erkenne das Werk zu, und kümmere dich nicht darum, ob er mit der Natur oder übernatürlich wirke; beides ist sein: Natur wie Gnade. Was geht's dich an, womit zu wirken ihm füglich ist oder was er wirke in dir oder in einem andern. Er soll wirken, wie oder wo oder in welcher Weise es ihm paßt.* [67]

Damit ist bereits der deutsche Sprachraum betreten, in dem es dem Meister möglich ist, unmittelbarer, das heißt vor allem zu Herzen gehend, zu sprechen. Die strenge Disziplin des Denkens ist damit nicht preisgegeben. Im Gegenteil, bis in die seelsorgerliche Praxis hinein muß sich zeigen, welche klärende Kraft von einem Denker auf Menschen ausgehen kann, die hier und da in Gefahr sind, vom «mystischen» Überschwang frommer Gefühle überflutet zu werden. Einem solchen Überschwang muß der Prediger schon deshalb energisch entgegentreten, weil er als philosophisch geschulter Meister bei einem so oder so erfahrbaren und somit benennbaren «Gott» nicht stehenbleiben darf. Er muß zugleich höher und tiefer dringen, bis dorthin, wo keine menschliche Vorstellung, auch kein irgendwie geartetes «Vorverständnis» die Heiligkeit Gottes dem Menschen geläufig oder gar verfügbar zu machen sucht. Eckhart meint Gottes Sein ohne Schleier, das Seiende der Gottheit von aller gedanklicher Bestimmung entblößt (ipse nudus, d. h. Gott in seiner nackten Selbstheit), als das reine weiselose Sein, unter Berufung auf Moses Maimonides als «nacktes Sein ohne jede Hülle», sei es Bild oder Begriff. Der Dominikaner Bernward Dietsche bemerkt hierzu: «So gesehen, kann Gott auch Ursache des Seins genannt werden; der menschliche Verstand muß über sich selbst, über alles Sein hinausschreiten, ja sogar über Gott hinausschreiten, soweit er unter Namen verhüllt ist. Gott ist über alle Bestimmungen erhaben (Einheit, Dreiheit, Eigenschaft usw.), sogar über das Sein und das Seiende, da er dessen Ursache ist.»[68]

Dieses Bemühen – sofern nicht auch die sublimste Bemühung jene nuda essentia (nackte Wesenheit) verschleiert – ist es also, das zum *Einigen Ein* durchzubrechen strebt. Dieses «immerstrebende Bemühen» ist es, das eine wichtige Klammer zwischen dem lateinischen und dem deutschen Werk darstellt. Denn auch der deutsche Prediger läßt es an Eindeutigkeit nicht mangeln, wenn er am Schluß einer solchen Predigt einmal zusammenfassend sagt: *So wie er (Gott) einfaltiges Eins ist ohne alle Weise und Eigenheit, so ist er weder Vater noch Sohn noch Heiliger Geist... und ist doch ein Etwas, das weder dies noch das ist.* [69]

Die deutschen Werke

So richtig es ist, daß nur der den «ganzen Eckhart» kennenlernt, der dessen lateinische Werke mitberücksichtigt, so gilt andererseits: Erst da, wo der Meister in seiner Muttersprache spricht, erzielt er die ihm eigene Unmittelbarkeit, die wir an ihm schätzen. Der scholastisch versierte Professor und der mystische Seelenführer sind zwar in einer Person verkörpert, aber vor allem der deutsche Prediger vermag seine Hörer (und Leser) zu impulsieren. Auch wenn das Stillschweigen (gemäß der Wortbedeutung von «Mystik») die angemessenste Antwort auf das mystische Innewerden ist, so muß der Prediger eben predigen. Er muß predigen, weil ihm nicht allein ein äußerer Auftraggeber dies befiehlt, sondern weil der innere Auftraggeber ihn dazu antreibt. Er muß predigen, auch wenn niemand und nichts anderes als ein Opferstock zugegen wäre. So ist es Eckhart ergangen, seinem eigenen Zeugnis zufolge.[70] Als Seelenführer darf er ebensowenig verstummen. Auch auf die Gefahr des Mißverstandenwerdens muß er da wie dort, auf der Kanzel oder im Beichtstuhl, seinen Mund auftun.

Entscheidend aber ist stets, daß dem nach außen gerichteten Reden des Predigers das innen empfangene Wort des Erfahrenden, Erkennenden vorausgegangen ist. *Sankt Paulus sprach zu Timotheus: «Lieber Freund, du sollst predigen das Wort.» Meinte er das äußere Wort, das den Atem bewegt? Nein, sicherlich meinte er das inwendig geborene, das verborgene Wort, das da liegt bedeckt in der Seele. Dieses (Wort) hieß er ihn hinauspredigen.*[71] Es unterliegt keinem Zweifel, daß dieses innere Wort der Seele von dem Christus gespeist wird, der selbst das eine, das erste und ewige Wort Gottes ist (Joh. 1,1). Josef Quint bemerkt hierzu: «Dieses ‹erste›, dieses ‹ewige› Wort, von dem alle übrigen ihre Kraft empfangen... wird in der Seele, und zwar im ‹Herzen› der Seele, im Innersten und Lautersten, im ‹Haupte› der Seele, in der *vernünfticheit* geboren, und diese Geburt des Wortes in der Seele ist für den spekulativen Mystiker Eckehart und seine Jünger das Ereignis der unio mystica. Diese Geburt des Wortes in der Seele erkennend zu erfassen und auszusagen, ist das leidenschaftliche Bemühen des faustisch-deutschen Mystikers[72], des Denkers wie des sprachgewaltigen Predigers Eckehart, für den im Erkennen nicht nur der höchste Adel und das erhabenste Seelenvermögen des Menschen, son-

Die Geburt Jesu. Aus Meister Bertrams Hochaltar von Sankt Petri in Hamburg, um 1380

dern auch der tragende Urgrund allen Seins, und zwar sowohl des göttlichen wie alles kreatürlichen Seins, beschlossen liegt.»[73]

Von diesem ersten ewigen Wort (Christus), sodann von dem inneren Wort her ergibt sich Eckharts zentrales, unablässig umkreistes Thema, nämlich das der Geburt des Wortes als Geburt des Sohnes aus dem Vater im Seelengrund des Menschen. Aufgabe des Predigers ist es, diese mystische Tatsache der Gottesgeburt den geistesgegenwärtigen Seelen Mal um Mal zu bezeugen und zuzusprechen. Wie in einer gewaltigen spirituellen Eruption bricht es gleichsam aus dem Predigermönch heraus, wenn er anknüpfend an den Prolog des Johannes-Evangeliums (Kap. 1,1) sagt: *Das Wort war bei Gott, und Gott war das Wort: Es war dasselbe in derselben Natur. Noch sage ich überdies: Er hat ihn geboren aus meiner Seele. Nicht allein ist sie bei ihm und er bei ihr als gleich, sondern er ist in ihr; und es gebiert der Vater seinen Sohn in der Seele in derselben Weise, wie er ihn in der Ewigkeit gebiert und nicht anders. Er muß es tun, es sei ihm lieb oder leid.* Der durch seinen Sohn in die menschliche Seele hineinsprechende Vater kann gar nicht anders, so meint Eckhart. Es ist geradezu die entscheidende Wesensäußerung Gottes, sich so dem Menschen zuzuwenden und ihn auf diese Weise zu begnaden.

Für Eckhart wie für jeden Mystiker kann die Gottesgeburt kein bloßes Geschichtsdatum sein, das der Existenz des heute existierenden Menschen zeitlich weit entrückt ist. Vielmehr handelt es sich um einen fortdauernden, gegenwartenden Prozeß, denn: *Der Vater gebiert seinen Sohn ohne Unterlaß, und ich sage mehr noch: Er gebiert mich als seinen Sohn und als denselben Sohn. Und ich sage noch mehr: Er gebiert mich nicht allein als seinen Sohn; er gebiert mich als sich und sich als mich und mich als sein Sein und als seine Natur. Im innersten Quell, da quelle ich aus im Heiligen Geiste; da ist ein Leben und ein Sein und ein Werk.*[74]

Keine Frage, dieses wiederholte *ich sage überdies... ich sage noch mehr* unterstreicht den eruptiven Vorgang seines Gewahrwerdens, an dem der Prediger seine Hörer teilnehmen läßt. Der Predigthörer wird gleichsam aus der Enge und Armseligkeit seiner bürgerlichen oder mönchischen Existenz herausgerissen; er wird hineingerufen, hineingesenkt ins Liebeshandeln, ins Offenbarungshandeln Gottes, dessen Werk in jedem und an jedem einzelnen weitergeht. Ist es da ein Wunder, wenn es den um Wahrung kirchlicher Rechtgläubigkeit Besorgten, und nicht nur ihnen, den Atem verschlägt? Werden da nicht andere entscheidende Tatsachen menschlicher Existenz verschwiegen oder vergessen gemacht? Die Frage des Sünderseins oder die des mit Mängeln Behaftetseins, die Frage nach der Sterblichkeit... Droht nicht eine gefährliche Inflation, ein Überflutetwerden durch eine Spiritualität, die den innerlich Entflammten buchstäblich entwurzelt?

Diese Sorge teilt Eckhart nicht, weil er auf eine Instanz verweisen kann, die ihn Gewißheit erleben läßt. Es ist sein Herz. Deshalb sein eindringlicher Appell: *Könntet ihr mit meinem Herzen erkennen!*[75] – *Sieh zu, daß du... Gott in deinem Herzen und in deinem Erkennen erhebst!*[76] – Solche werbenden und beschwörenden Worte sind mehr als «fromme Wünsche», wie man sie in religiösen Reden erwarten darf. Was in der

Distanz wahrenden lateinischen Begriffssprache nicht möglich ist, das wird durch die Sprache des Volkes, eben in der Sprache der deutschen Predigten und Traktate, erreicht oder zumindest angestrebt, nämlich vom Herzen zum Herzen zu sprechen. Nicht darum geht es, die Emotionen überquellen zu lassen. *Herz* verweist vielmehr auf die Personmitte, von der aus der ganze Mensch durchpulst wird. Wenngleich, wie gesagt, das lateinische und das deutsche Predigtwerk zusammen gehören, bekommt doch erst in der deutschen Sprache das Gedachte, Definierte, das auf den Begriff Gebrachte Farbe und Leben. Es gewinnt personale Qualität, die Nähe und Unmittelbarkeit schafft. So ist es ganz natürlich, daß der Herzton Eckhartscher Rede selbst noch in der Übertragung aus dem Mittelhochdeutschen zu vernehmen ist. Auf ihn ist zu hören.

Es muß aber sogleich hinzugefügt werden, daß keineswegs alles, was unter dem Namen Eckharts überliefert, zitiert oder exzerpiert worden ist, volle Authentizität beanspruchen kann. In seiner Rechtfertigungsschrift bekannte er sich zwar einmal prinzipiell zu dem von ihm Geschriebenen und Gesagten. Er mußte aber auch ihm Zugesprochenes als nicht von ihm stammend oder als falsch verstanden zurückweisen. Nicht verschwiegen werden darf sodann, in welchem oft fragwürdigen Zustand die uns überlieferten Texte sich heute befinden. Gerade die große Sorgfalt und Umsicht, mit der die deutschen und lateinischen Werke im Rahmen der historisch-kritischen Gesamtausgabe (1936) ediert wurden, machte deutlich, «daß wir nicht überall mit absoluter Sicherheit behaupten können, den wortgetreuen, unversehrt bewahrten Text des gesprochenen Wortes zu besitzen. Das Urteil Josef Quints, des Herausgebers der deutschen Predigten, lautet dementsprechend. Er spricht im Vorwort seiner Edition vom ‹so vielfältig zersetzt und entstellt überlieferten Predigttext›; in der Einleitung heißt es: ‹alle handschriftlichen Texte, und selbst die besten unter ihnen, weisen mehr oder weniger starke Fehler und Verderbnisse auf›, immer werde ‹ein beachtlicher Rest von strittigen und ungewissen Textstellen übrig bleiben›.»[77]

Traktate
Reden der Unterweisung

Nachdem dieses vor dem Jahr 1298 entstandene Frühwerk (mittelhochdeutsch: *Die rede der unterscheidunge*) im Zusammenhang der biographischen Orientierung bereits kurz charakterisiert worden ist, sei dessen Echtheit eigens hervorgehoben. Sie gilt laut Josef Quint als «absolut gesichert»[78]. Hier vernimmt der heutige Leser die Stimme des Dominikaner-Priors von Erfurt, dem es obliegt, seinen Brüdern auf dem geistlichen Weg Führung und Geleit zu gewähren. Wer einst in der Profeß das Gelübde des Gehorsams (neben dem der Armut und der Keuschheit) abge-

Dominikaner-Novize (Heinrich von Mure) vor seinem Abt.
Aus dem «Codex Manesse», Anfang 14. Jahrhundert

legt hat, der bedarf der Erinnerung, daß *wahrer und vollkommener Gehorsam ist eine Tugend vor allen Tugenden… wie klein andererseits ein Werk sei und wie gering, es ist nützer getan in wahrem Gehorsam, sei's Messelesen oder -hören, Beten, Kontemplieren oder was du dir denken magst. Nimm wiederum ein Tun, so geringwertig du nur willst, es sei, was es auch sei: wahrer Gehorsam macht es dir edler und besser.*[79] Geistliches Leben, wie Eckhart es versteht, bedarf demnach eines gewissen Ich-Opfers. Gemeint ist die Preisgabe jenes Selbstbehauptungswillens, der dem niederen Ego eigen ist, das den Menschen knechtet und in Unfreiheit hält. Deshalb der Hinweis auf das *ledige Gemüt*: *Das ist ein lediges Gemüt, das durch nichts beirrt und an nichts gebunden ist, das sein Bestes an keine Weise gebunden hat und in nichts auf das Seine sieht, vielmehr völlig in den liebsten Willen Gottes versunken ist und sich des Seinigen entäußert hat. Nimmer kann der Mensch ein noch so geringes Werk verrichten, das nicht hierin seine Kraft und sein Vermögen empfinge.* Vielmehr strahlt von diesem selbsterrungenen Freiheitserlebnis des Ledigseins etwas aus auf das gesamte Leben, namentlich auf das des Gebets und der geistlichen Übung. Eckhart fährt daher fort: *So kraftvoll soll man beten, daß man wünschte, alle Glieder und Kräfte des Menschen, Augen wie Ohren, Mund, Herz und alle Sinne sollten darauf gerichtet sein; und nicht soll man aufhören, ehe man empfinde, daß man sich mit dem zu vereinen im Begriffe stehe, den man gegenwärtig hat und zu dem man betet, das ist: Gott.*[80]

Vom Nutzen des Lassens, das äußerlich wie innerlich zu vollziehen ist, spricht Eckhart im selben Zusammenhang mit Nachdruck. Er appelliert an den Willen. *Denn wer seinen Willen und sich selbst läßt, der hat alle Dinge so wirklich gelassen, als wenn sie sein freies Eigentum gewesen wären.* Die Willensschulung allein aber reicht nicht aus. Sie muß in der Selbsterkenntnis gegründet sein. Die Tradition, die der Erfurter Spiritual fortsetzt, ist klar. Sie reicht vom «Gnothi seautón» (Erkenne dich selbst!) des Tempels von Delphi bis zu Augustinus, auf den er sich speziell in den lateinischen Werken immer wieder beruft, wenn er zitiert: *Noli foras ire – gehe nicht nach außen, kehre in dich selbst zurück, im innern Menschen wohnt die Wahrheit.*[81] Und bedenkt man, daß Eckhart in seinen *Reden der Unterweisung* vor allem praktisch-ethisch wirksam werden will, dann bekommt sein Appell Gewicht: *Richte dein Augenmerk auf dich selbst – Nim dîn selbes wâr, – und wo du dich findest, da laß von dir ab; das ist das Allerbeste.* Eckharts asketische, das heißt auf ganzheitliche spirituelle Schulung ausgerichtete Bemühung beginnt mit der Aufforderung zur Selbstbeobachtung, zur Pflege der Wachheit, der Wahrhaftigkeit und der Besonnenheit in allen Dingen. Immer ist daran zu denken, daß diese Selbstwahrnehmung und Selbsterkenntnis der Christusnachfolge zu dienen hat, jener Christusnachfolge, in der der Mensch sein wahres Selbst, sein eigentliches Ich findet.[82]

Hin und wieder wird man daran erinnert, daß die *Reden der Unterweisung* auf Lehrgespräche (collationes) des Meisters zurückgehen. Die Zuhörer konnten Rückfragen stellen, auf die sich Eckhart bezieht, wenn er zum Beispiel im 6. Kapitel beginnt: *Ich wurde gefragt: manche Leute zögen sich streng von den Menschen zurück und wären immerzu gern allein,*

Augustinus in Meditation.
Von Sandro Botticelli, 1480 (Kirche Ognissanti, Florenz)

und daran läge ihr Friede und daran, daß sie in der Kirche wären – ob dies das Beste wäre?[83] Eckharts Antwort darauf ist ein klares Nein. Denn *wer Gott recht in Wahrheit hat, der hat ihn an allen Stätten und auf der Straße und bei allen Leuten ebensogut wie in der Kirche oder in der Einöde oder in der Zelle ... Warum? – Weil er einzig Gott hat und es nur auf Gott absieht und alle Dinge ihm lauter Gott werden. Ein solcher Mensch trägt Gott in allen seinen Werken und an allen Stätten, und alle Werke dieses Menschen wirkt allein Gott.*[84] Freilich bedarf diese Rede einer Absicherung. Wohl soll der Mensch *Gott in allen Dingen ergreifen.* Aber der Mensch hüte sich

Gott *von draußen her* nehmen zu wollen, als gelte es, den Transzendenten in die Immanenz des Ego hineinzuzwängen, sei es durch Tätigsein oder durch die denkerische Bemühung. Und überhaupt: *Der Mensch soll sich nicht genügen lassen an einem gedachten Gott; denn wenn der Gedanke vergeht, so vergeht auch der Gott. Man soll vielmehr einen wesenhaften Gott haben, der weit erhaben ist über die Gedanken des Menschen und aller Kreatur. Der (dieser) Gott vergeht nicht, der Mensch wende sich denn mit Willen von ihm ab.*[85] So liegt Entscheidendes an der entschlossenen Hinwendung des Menschen zu Gott als zu dem *wesenhaften.* Mit irgendeiner Form der Weltflucht ist nichts ausgerichtet.

Der Umgang mit den Dingen erfordert eine neue Ethik. Nicht eine äußere, wohl aber eine *innere Einsamkeit* soll der Mensch einüben. *Er muß lernen, die Dinge zu durchbrechen und seinen Gott darin zu ergreifen und den kraftvoll in einer wesenhaften Weise in sich hineinbilden zu können.*[86] Diese konsequente Gotteshingabe mitten in der Welt kann deshalb so betont aktive Züge annehmen, weil dieser *wesenhafte Gott* stets auch der nahe Gott, der Allgegenwärtige ist. *So auch soll der Mensch von göttlicher Gegenwart durchdrungen und mit der Form seines geliebten Gottes durchformt und in ihm verwesentlicht sein, so daß ihm sein Gegenwärtigsein ohne alle Anstrengung leuchte, daß er überdies in allen Dingen Bindungslosigkeit gewinne und gegenüber den Dingen völlig frei bleibe.*[87]

Meister Eckhart versäumt nicht, die biblische Begründung für seine ethischen Leitworte beizufügen. Wenn er beispielsweise zur Aufmerksamkeit und zum Vernünftigsein auffordert, dann erinnert er an das Christuswort im Lukas-Evangelium (Kap. 12,36), wo es heißt: «Ihr sollt sein wie Leute, die allzeit wachen und ihres Herrn harren!» – Mit diesem Aufruf zur Erwartung des kommenden Christus charakterisiert Eckhart die Menschen der Christusnachfolge, seine eigenen Zuhörer und Leser: *Sie erwarten ihn (Christus) in allem, was da kommt, wie fremd es ihnen auch sei, ob er nicht doch etwa darin sei. So sollen auch wir in allen Dingen bewußt nach unserm Herrn ausschauen...*[88] Auf das alltägliche Leben übertragen mit seinen Pflichten und Sorgen, mit seinen Herausforderungen und mit seiner Verantwortung heißt das für Eckhart, *daß man die Innerlichkeit ausbrechen lasse in die Wirksamkeit.* Umgekehrt heißt das aber auch, daß man *die Wirksamkeit hineinleite in die Innerlichkeit*[89]. Damit bleiben Aktion und Meditation, die Wendung nach innen und die Wendung nach außen aufeinander bezogen. Nur so ist der Auftrag des weltverantwortlichen Christen, der auf seinen *in allen Dingen* ankommenden Herrn wartet, zu erfüllen.

Aber sind das nicht alles Aufforderungen zum bloßen Aktionismus und zur stolzen Werkgerechtigkeit, wie sie später Luther und die Reformatoren zu kritisieren hatten? – Den zur Tugend des Gehorsams und zum Werk der Liebe Aufgeforderten schärft Eckhart ein: *Nichts frommen un-*

Martin Luther. Gemälde von Lucas Cranach d. Ä., 1529

sere Werke dazu, daß Gott uns etwas gebe oder tue. Unser Herr will, daß seine Freunde davon loskommen, und deshalb entzieht er ihnen solchen Halt, auf daß er allein ihr Halt sei. [90] So groß die zeitliche und theologische Distanz zwischen Eckhart und Luther auch sein mag, hier ist einer, der – lange vor Luther – die «Freiheit des Christenmenschen» proklamiert. Es ist zumindest jener Freiheitsaspekt, der den Wirkenden von der Nötigung befreit, jede Leistung nur sich selbst prometheisch zuzuschreiben, «hast du nicht alles selbst vollendet, heilig, glühend Herz?» (Goethe). Auch an dieser Stelle scheint der Autor der *Reden* eine Zuhörerfrage zu beantworten, wenn er sagt: *Sei unbesorgt darum, ob Gott deine Werke wirke oder ob du sie wirkst; denn Gott muß sie wirken... Laß Gott in dir wirken, ihm erkenne das Werk zu, und kümmere dich nicht darum, ob er mit der Natur oder übernatürlich wirke; beides ist sein: Natur wie Gnade.* [91] Worte eines monastischen Seelenführers, der hohe Ansprüche an Menschen der Christusnachfolge stellt, ohne jedoch einem asketischen Rigorismus zu frönen.

In seiner Unterscheidung von «billiger» und «teurer Gnade» hätte sich Dietrich Bonhoeffer auf den Erfurter Predigermönch berufen können, wenn mönchisches Leben für ihn – nach Luther – akzeptabel gewesen wäre. («Billig» nannte Bonhoeffer eine Gnade, die ohne ethische Konsequenzen auskommen möchte.) Aber auch das andere ist für die *Reden der Unterscheidung* charakteristisch, wenn Kurt Ruh resümiert: «Die Vorstellung von Hölle, Teufel und Strafen fehlt gänzlich, das Leiden trägt Gott mit, die Sünde braucht den Menschen nicht zu zerstören, die Kräfte des Guten sind so stark wie die des Bösen, Gott ist immer nahe: das sind erstaunliche Leitsätze im weitgehend institutionalisierten und juridisch fixierten Christentum des späten 13. Jahrhunderts, dem immer mehr auch die neuen Orden anheimfielen. Eckhart nimmt dem Menschen die Daseinsangst und führt ihn in die Wesentlichkeit zurück, sofern er Gott gehören will und nicht sich selbst. Er verkündet ein ganz vom Geist her bestimmtes Christentum, ein Christentum in seiner lûterkeit (Reinheit).»[92]

Das Buch der göttlichen Tröstung (Liber Benedictus)

«Benedictus deus et pater domini nostri Jesu Christi» (Gelobt sei Gott und der Vater unseres Herrn Jesu Christi) – so lautet (gemäß 2. Kor. 1,3f) der Titelanfang dieses Traktats[93] in den Eckhartschen Prozeßakten. Die Echtheit ist somit auch hier gesichert. Offen sind dagegen einige andere Fragen, zum Beispiel die der genauen Datierung, auch die, wie es sich mit der anschließenden Predigt *Vom edlen Menschen* verhält, ob Eckhart diese vor Agnes, Königin von Ungarn, im schweizerischen Königsfelden (Kanton Aargau) tatsächlich gehalten hat. Agnes ist die Tochter des habsburgischen Königs Albrecht I., der am 1. Mai 1308 nahe Königsfelden von seinem Neffen ermordet worden war. Dieser, von Karl IV. einst als besonders weise erachteten Frau hat Eckhart sein Trostbuch gewidmet. Vielleicht darf man voraussetzen, daß der berühmte Magister während seiner Straßburger Zeit infolge seiner seelsorgerlichen Tätigkeit im nahe gelegenen Dominikanerinnenkloster Töß mit der Königin in Kontakt getreten ist. Ob es zu einer persönlichen Begegnung zwischen beiden kam, wissen wir jedoch nicht. Dergleichen wird im Buch selbst an keiner Stelle nahegelegt. Der Autor spricht auch gar nicht von einem bestimmten Leid, sondern von der Trostbedürftigkeit des Menschen schlechthin.

Verwundern mag, wie Eckhart zu Werke geht. Statt üblicherweise Trost zu spenden, setzt er mit einer religionsphilosophisch-theologischen

Boethius, «De consolatione philosophiae». Titelblatt der Kölner Ausgabe von 1493

Besinnung ein. Dazu gehört die eher akademisch-grundsätzliche Unterscheidung von dreierlei Betrübnissen. Sie beziehen sich auf Schaden an äußerem Gut, auf den Verlust an Personen, schließlich auf persönliches Herzeleid, das wiederum unterschiedlich geartet sein kann.

Die *Reden der Unterweisung* waren in besonderer Weise auf die Einübung in die religiöse Alltagspraxis bezogen, indem sie das Tun, das innere wie das äußere Werk anregten und als eine Einheit begreiflich machen wollten. Das Trostbuch führt in der Weise an die Höhen und Tiefen scholastisch-mystischer Gedankenschau heran, als es viele für Eckhart wichtige Themen anklingen läßt, sieht man einmal von der zentralen Frage nach dem Wesen des Seelengrundes ab. Alois M. Haas spricht insofern mit Recht von einem «Schlüsselwerk» für Eckharts Lehre.[94]

Formal gesehen gehört die Schrift in die Gattung der sogenannten «Trostbücher», wie wir sie seit dem Werk «Trost der Philosophie», der berühmten «Consolatio philosophiae» von Boethius (6. Jahrhundert), kennen. Alois Dempf nannte die Schrift Eckharts einmal «das menschlich schönste und schlichteste Büchlein des Meisters, die gegebene Einführung in sein Werk»[95]. In ihm geht es um die Frage: Worauf läßt sich echter Trost gründen, *wahrer Trost für alles Leid*? – Eckhart lenkt die Aufmerksamkeit der Trostbedürftigen auf Gott selbst, in dem *weder Traurigkeit noch Leid noch Ungemach* wesen. Der Rat des Seelenführers lautet: *Willst du alles Ungemachs und Leids ledig sein, so halte dich und kehre dich in Lauterkeit nur zu Gott. Sicherlich, alles Leid kommt nur daher, daß du dich nicht allein in Gott und zu Gott kehrst.*[96]

Eckhart, der das Alte und Neue Testament, zahlreiche Kirchenväter, immer wieder Augustinus und auch *heidnische Meister* wie Boethius als seine Belege und Gewährsleute anführt, nennt eine Fülle von Trostgründen, durch die das Leid in einem ganz neuen Licht erscheint. Nicht, was dem Menschen Beschwerden bereitet, ist das Ausschlaggebende, sondern die Tatsache, daß alles, auch und gerade das Widerwärtige, aus der Hand Gottes kommt. Und *weil es Gottes Wille ist, daß es geschehe, so soll des guten Menschen Wille so ganz und gar mit Gottes Willen eins und geeint sein, daß der Mensch mit Gott dasselbe wolle, selbst wenn es sein Schaden und gar seine Verdammnis wäre*[97]. Keine Belastung oder Bedrohung ist zu groß, als daß Gottes Liebeswille diese Umwertung aller Werte nicht vollziehen könnte. Nicht irgendein Schaden ist daher zu beklagen, sondern – sofern überhaupt etwas – nur die Trostbedürfigkeit jenes Menschen, der immer noch von den Kreaturen eine vermeintliche Linderung, Besserung oder gar Aufhebung der Leiden erwartet. Diese Illusion ist allein beklagenswert.

Ein anderer Trostgrund lautet: *Alles, was der gute Mensch* – gemeint ist der Selbstlose, der in Gott Gelassene – *um Gottes willen leidet, das leidet er in Gott, und Gott ist mit ihm leidend in seinem Leiden. Ist mein Leiden in Gott und leidet Gott mit, wie kann mir dann das Leiden ein Leid sein, wenn das Leiden das Leid verliert und mein Leid in Gott ist... Wie kann der die Güte liebende Gott es zulassen, daß seine Freunde, gute Menschen, nicht beständig ohne Unterlaß im Leiden stehen?*[98]

So kennt Eckhart – in Anlehnung an Augustinus – den Gedanken der Teilhabe: Gott nimmt am Los des Menschseins teil. Aber auch der Mensch ist hineingenommen in den Willen Gottes, nämlich daß alles, was Gott will, eben darin und dadurch, daß Gott es will, gut sei. Wie also soll einem, der sich diese Zusammenhänge bewußt macht, je das Leid erschüttern? Der tiefste Grund des Willens Gottes, wie immer dieser sich für den Menschen auswirken mag, ist Liebe. *Wollen kommt vom Lieben,*

Nichtwollen kommt vom Nichtlieben. Viel lieber, besser und nützer ist es mir, daß Gott mich liebe und ich dabei krank bin, als wenn ich gesund am Leibe wäre und Gott mich nicht liebte.[99] Der Seelsorger der vielen Nonnenklöster mag dabei an so manche der ihm zur geistlichen Betreuung anbefohlenen Schwestern gedacht haben, die durch körperliche wie seelische (neurotische) Krankheiten gezeichnet waren. Allein in der mystischen Hingabe an Gott bzw. durch die glühende Jesus-Minne war es ihnen möglich, im Leiden standzuhalten. Eckhart weiß, innere *Gleichheit und feurige Liebe ziehen hinauf und führen und bringen die Seele in den ersten Ursprung des Einen, das «Vater aller» ist «im Himmel und auf Erden»* (vgl. Eph. 4,6).[100] Man sieht, hier sind biblische Verkündigung und die neuplatonische Spekulation Plotins von dem transzendenten «Einen» miteinander verschmolzen.

Und was für Meister Eckhart und seine Schüler-Gemeinde noch wichtiger ist: Dieses Ziel der mystischen Einung (unio mystica) ist ein unaufhörlicher Prozeß. Niemand kann sagen, er sei am Ziel. Die Sprache der Mystik[101] bedient sich daher mit Vorliebe der Metapher des Fließens und des Gebärens, um das Prozeßhafte des Geschehens zu unterstreichen. Schon Mechthild von Magdeburg spricht hiervon in ihrem berühmten Buch vom «fließenden Licht der Gottheit». Und was das zentrale Thema der Sohnesgeburt aus dem Herzen des Vaters anlangt, so hat es der Schreiber des Trostbuchs seinem Text einverwoben, wenn er schreibt: *Das innere Werk nimmt und schöpft sein ganzes Sein nirgends als von und in Gottes Herzen; es nimmt den Sohn und wird als Sohn geboren in des himmlischen Vaters Schoß...*

Mit dem Vorgang der Geburt verbindet Eckhart nun die Vorstellung des Ausflusses (*ûzvluz*) und des Ursprungs (*ursprunc*). Die Aussage selbst könnte kaum kühner sein, denn er wagt es, das allein dem Hervorgehen des Geistes aus Gott dem Vater und dem Sohn vorbehaltene Geschehen auf den Menschen zu übertragen, und zwar in dem Maße, in dem er «Sohn Gottes» ist. (Obwohl das Trostbuch einer Frau zugedacht ist, spricht Eckhart nur von «Söhnen», nicht aber von Töchtern Gottes!) *Da* (d. h. in dem Einen) *ist der Ausfluß und Ursprung des Heiligen Geistes, von dem allein, sofern er Gottes Geist und Gott selbst Geist ist, der Sohn in uns empfangen wird, und (da) ist (auch) dieser Ausfluß (des Heiligen Geistes) aus allen denen, die Gottes Söhne sind, je nachdem sie minder oder mehr rein nur von Gott allein geboren sind, nach Gott und in Gott überbildet und aller Menge entrückt... je nachdem wir dem Einen näher sind, um so wahrhaftiger sind wir Gottes Söhne und Sohn, und fließt auch Gott, der Heilige Geist von uns aus. Das ist gemeint, wenn unser Herr, Gottes Sohn in der Gottheit, spricht: «Wer da von dem Wasser trinkt, das ich gebe, in dem entspringt ein Quell des Wassers, das da ins ewige Leben springt»* (Joh. 4,14), *und Sankt Johannes spricht, er habe dies vom Heiligen Geist gesagt* (Joh. 7,39).[102]

Vision der Hildegard von Bingen: Charitas, Humilitas und Pax am Lebensbrunnen. Detail einer Miniatur aus «Liber divinorum operum», um 1230

Spätestens hier wird deutlich, wie tief Meister Eckhart ins Zentrum christlicher Esoterik (d. h. innerer Erfahrung und Erkenntnis) vorstößt, unbekümmert um die Tatsache, daß für viele das Gesagte viel zu tief und zu hoch sein werde. Wenn die Eckhart-Forschung da oder dort energisch in Abrede stellen möchte, daß der Meister ein Esoteriker gewesen sei, so muß man sich um den Terminus nicht streiten. Der Sache nach aber ist für Eckhart klar: Wer aus Gott geboren ist, wer *nach Gott und in Gott überbildet* ist, der ist *aller Menge entrückt,* die zwar die großen Worte christlicher Einweihung deklamiert, ohne jedoch von dem zugrunde liegenden Mysterium im Innersten ergriffen zu sein oder verwandelt werden zu wollen. Daher Eckharts *ganze Klage, daß grobsinnige Leute, die Gottes Geistes bar sind und nichts davon besitzen, nach ihrem groben menschlichen Verstand beurteilen wollen, was sie hören oder lesen in der Schrift, die gesprochen und geschrieben ist vom und im Heiligen Geiste, und nicht bedenken, daß geschrieben steht: «Was unmöglich ist bei den Menschen, das ist möglich bei Gott»* (Matth. 19,26)... *Was der untern Natur unmöglich ist, das ist der obern Natur gewohnt und naturgemäß.*[103] (In analoger Weise könnte man heute darüber Klage führen, daß der Begriff «Esoterik im Christentum» weithin preisgegeben[104], andererseits «Esoterik» mißbraucht und zu einer Modeware degradiert, exoterisiert, also veräußerlicht worden ist. Insofern wäre die Kritik aus den Reihen der Eckhart-Forschung verständlich.)

Festzuhalten ist, daß der Prozeß der Sohnwerdung des Menschen allein von Gott seinen Ausgang nimmt. Er beruht auf der Tatsache: *Gott wird des Liebens und Wirkens nimmer müde, und auch ist ihm, was er liebt, alles eine (einzige) Liebe. Und darum ist es wahr, daß Gott die Liebe ist.*[105] Schon deshalb können die Heimsuchungen mit Leid und Ungemach nicht Ausdruck aufhörender Gottesliebe sein. Sie gehören vielmehr als notwendige Stadien in die fortdauernde, auf ihr Ziel zustrebende Wirksamkeit Gottes hinein. Was hierbei nicht minder entscheidend ist: *Niemand kommt im eigentlichen Sinne zum Sohn, insofern dieser (selbst) Sohn ist, als der, der (selbst) Sohn wird...*[106]

Meister Eckhart mag sich die Frage vorgelegt haben, ob das, was ihm zur inneren Gewißheit geworden ist, auch eine allgemeinverbindliche Bedeutung habe. Doch diese Erwägung ist letztlich von nebensächlicher Natur. *Grobsinnige Menschen* mögen das Gesagte oder Geschriebene in Zweifel ziehen. Was er sagt ist weder eines zusätzlichen Beweises fähig noch bedürftig. Eckhart genügt es, daß seine Rede wie seine Schreibe in ihm selbst und *in Gott* wahr sei. In dieser Gewißheit, die er am Ende seiner Ausführungen ausspricht, kann er seine kleine Schrift mit dem Wunsch aus der Hand legen: *Der liebreiche, barmherzige Gott, die Wahrheit (selbst), gebe mir und allen denen, die dies Buch lesen werden, daß wir die Wahrheit in uns finden und gewahr werden. Amen.*[107]

Zusammenfassend kommt Alois M. Haas zu dem Schluß: «Eckhart erweist sich einmal mehr in einer seltenen Kompromißlosigkeit als Mystiker, der sowohl die philosophischen Gehalte seiner Lehre wie die asketischen Forderungen seiner Ordenstradition in den Dienst seiner Einheitsmystik stellt, die deshalb nicht monistisch ist, weil sie die Einheit zwischen Gott und Mensch nie blockhaft, sondern immer als einen dynamisch erregten Bewegungszusammenhang zwischen beiden Partnern deutet. Es geht Eckhart letztlich um die mystische Ratifizierung dieses an sich bestehenden und von seiten Gottes je neu aktivierten Bezugs. Eckharts Mystik ist daher eine Mystik der Seinsfreude und des Optimismus.»[108]

Vom edlen Menschen

Im Zusammenhang seiner Ausgabe der deutschen Predigten und Traktate ordnet Josef Quint den Text *Vom edlen Menschen* den Traktaten zu, wiewohl es sich um eine Art Predigt handelt. Das hat seinen guten Grund. Zum einen ist die Vorlage als eine Lesepredigt anzusehen. Sie scheint nicht öffentlich vorgetragen worden zu sein. Zum anderen wurde sie im Zusammenhang mit dem *Buch der göttlichen Tröstung* überliefert. Mehr noch, Eckhart selbst verweist darin auf den Text, eine an sich schon bemerkenswerte Tatsache. Offensichtlich liegt ihm daran, das im Trostbuch Gesagte in einem bestimmten Punkt noch zu vertiefen oder zu verdeutlichen. Denn dort heißt es: *Darüber, wie das Innerste und das Oberste der Seele Gottes Sohn und das Gottes-Sohn-Werden in des himmlischen Vaters Schoß und Herzen schöpft und empfängt, das suche hinter dem Schluß dieses Buches, wo ich schreibe «Vom edlen Menschen, der auszog in ein fernes Land, um ein Reich zu empfangen und wiederzukommen».* (Luk. 19,12)[109] Es ist also die für den Mystiker so bedeutsame Frage nach der Gottesgeburt bzw. der Sohnwerdung oder – wie Herma Piesch formuliert – das Thema «Der Aufstieg des Menschen zu Gott»[110].

Eckhart legt zwar das bekannte Gleichnis Jesu aus dem Lukas-Evangelium zugrunde, in dem ein Mensch für geraume Zeit die Stadt verläßt, seine Güter zu treuen Händen austeilt und dann zurückkehrt. Der Prediger hat aber nicht die heute übliche, vor allem am Wortsinn und Kontext sich orientierende Exegese im Sinn. Er bedient sich vielmehr der mystisch-allegorischen Interpretation, wie sie seit der frühen Christenheit üblich geworden ist. Allegorisch ist die Auslegung insofern, als Meister Eckhart altem Brauch gemäß Wort für Wort und Bild für Bild in den Gedanken transponiert, der zu ihm spricht, wenn er den Wortlaut auf sich wirken läßt. Nicht von einer äußeren Begebenheit ist demnach die Rede, sondern von dem, was sich jetzt und hier, jetzt und allezeit (im Menschen) begibt. Man muß nur herausfinden, was die einzelnen Elemente eines solchen Textes bedeuten, hier: der *edle Mensch*, das *ferne Land*, das *Reich*, die *Rückkehr*. Gelingt eine solche gleichnisartige Übertragung, dann enthüllt sich ein bis dahin verborgener Sinn. Der buchstäbliche Sinn wird transparent für das, was die allegorische Deutung hervorzuholen vermag. Es ist wohl kein Zufall, wenn Eckhart in seiner Predigt auch einmal auf Origenes als ein Leitbild allegorischer Auslegung zu sprechen kommt, indem er ihm den *großen Meister Origenes* nennt, für den das sohnhafte Gottesbild in der Menschenseele wie ein lebendiger Brunnen sei.[111] Origenes und Eckhart zusammenschauend könnte man daher mit dem Origenes-Forscher Henri de Lubac sagen: «Schöpfen wir also in dem Brunnen unseres eigenen Herzens und schöpfen wir aus dem Brunnen der Schrift. Die Wasser aus beiden sollen sich mischen. Die Betrachtung der Heiligen Schrift soll uns helfen, allmählich das göttliche Geheimnis auf dem Grund unseres Herzens zu entdecken.»[112]

Da sich für Eckhart der Mensch als Leib und Geist, als äußerer und als innerer Mensch darstellt, vermag er das Wesen des *edlen Menschen* näher zu bestimmen: *Der innere Mensch ist Adam, der Mann in der Seele*; während der von außen her wirkende *böse Geist* es ist, der in Gestalt der Paradiesesschlange *mit Frau Eva plauderte*. Auch wenn Eva nicht geradezu als Verkörperung des äußeren und damit dem Bösen unterworfenen Menschen personifiziert wird, die Identifikation des inneren Menschen mit dem *Mann in der Seele*, als dem guten Baum läuft aus heutiger Sicht auf eine negative Einschätzung des Weiblichen hinaus. Eckhart will vor allem sagen: *Der innere Mensch ist der, von dem unser Herr sagt, daß «ein edler Mensch auszog in ein fernes Land, sich ein Reich zu gewinnen». Da ist der gute Baum, von dem unser Herr sagt, daß er allzeit gute Frucht bringt.*[113]

Wie aber läßt sich der Weg, wie das Fortschreiten auf dem Weg der geistlichen Entwicklung kennzeichnen? – Eckhart beruft sich auf Augustinus, der in seiner Schrift «De vera religione – Über die wahre Religion»[114] die einzelnen Stadien abschreitet. Eckhart tut ihm dies nach, und zwar in einer eigenständigen Form, knapp und anschaulich. Es gilt, sechs Entwicklungsstufen des inneren Menschen zu durchlaufen, Stufen, die zeigen, wie der Mensch nach und nach seiner geistlichen Unmündigkeit entwächst, wie er seines Vaters und damit des Guten, Einen, Wahren ansichtig wird, gleichsam Aug in Aug, und wie es schließlich zur Einung mit dem Einen kommt. Unschwer erkennt man, daß dieser Weg wie von außen her, Schritt um Schritt ins Zentrum des Mysteriums der Gottesbegegnung hineinführt; hinein in die Sohnwerdung.

Wenn hier vom Weg gesprochen wird, dann liegt zweifellos ein Grundwort religiös-mystischer Praxis vor, das sich über Dionysius Areopagita bis ins Neue Testament, ja selbst darüber hinaus verfolgen läßt. Man denke zum Beispiel an des Dionysius geistlichen Drei-Stufenweg der Reinigung (via purgativa), der Erleuchtung (via illuminativa) und der Vereinigung (via unitiva). Es muß aber auch gesagt werden, daß derselbe Eckhart, der Augustinus folgend von sechs Stadien oder Stufen der Hinwendung zu Gott spricht, die Metapher des Wegs zugleich relativiert oder ironisiert, speziell im Blick auf die spirituelle Geburt des Menschen aus dem Geist Gottes und in den Geist Gottes hinein, nun eben nicht als einen mit Übergängen versehenen Prozeß, sondern als einen schlagartigen Durchbruch, gleich einem Sprung in die andere Qualität des Seins, ins Sein selbst. Insofern ist aller Weg immer auch ein *weiseloser* Nicht-Weg.[115] Diese Sichtweise wird man stets im Bewußtsein haben müssen, wenn man Eckharts Sechs-Stufen-«Weg» zum ewigen Leben – das ja in Gott bereits präsent und in der Gottebenbildlichkeit des Menschen bereits vorgegeben ist – betrachtet.

Die erste Stufe (grât) des inneren und des neuen Menschen, spricht Sankt Augustinus, ist es, wenn der Mensch nach dem Vorbilde guter und heiliger

Origenes

Dionysius Areopagita. Figuren aus Meister Bertrams Hochaltar von Sankt Petri in Hamburg, um 1380

Leute lebt, dabei aber noch an den Stühlen geht und sich nahe bei den Wänden hält, sich noch mit Milch labt.

Die zweite Stufe ist es, wenn er jetzt nicht nur auf die äußeren Vorbilder (darunter) auch auf gute Menschen schaut, sondern läuft und eilt zur Lehre und zum Rate Gottes und göttlicher Weisheit, kehrt den Rücken der Menschheit und das Antlitz Gott zu, kriecht der Mutter aus dem Schoß und lacht den himmlischen Vater an.

Heinrich Seuse vor der ewigen Weisheit. Holzschnitt, Ulm um 1470

Die dritte Stufe ist es, *wenn der Mensch mehr und mehr sich der Mutter entzieht und er ihrem Schoß ferner und ferner kommt, der Sorge entflieht, die Furcht abwirft, so daß, wenn er gleich ohne Ärgernis aller Leute (zu erregen) übel und unrecht tun könnte, es ihn doch nicht danach gelüsten würde; denn er ist in Liebe so mit Gott verbunden in eifriger Beflissenheit, bis der ihn setzt und führt in Freude und in Süßigkeit und Seligkeit, wo ihm alles das zuwider ist, was ihm (Gott) ungleich und fremd ist.*

Die vierte Stufe ist es, wenn er mehr und mehr zunimmt und verwurzelt wird in der Liebe und in Gott, so daß er bereit ist, auf sich zu nehmen alle Anfechtung, Versuchung, Widerwärtigkeit und Leid-Erduldung willig und gern, begierig und freudig.

Die fünfte Stufe ist es, wenn er allenthalben in sich selbst befriedet lebt, still ruhend im Reichtum und Überfluß der höchsten unaussprechlichen Weisheit.

Die sechste Stufe ist es, wenn der Mensch entbildet ist und überbildet von Gottes Ewigkeit und gelangt ist zu gänzlich vollkommenem Vergessen vergänglichen und zeitlichen Lebens und gezogen und hinüberverwandelt ist in ein göttliches Bild, wenn er Gottes Kind geworden ist. Darüber hinaus noch höher gibt es keine Stufe, und dort ist ewige Ruhe und Seligkeit, denn das Endziel des inneren Menschen und des neuen Menschen ist ewiges Leben.[116]

Eine einzigartige Metamorphose, ein tiefgreifender Gestaltwandel hat sich ereignet: Der Mensch ist seines alten Adam *entbildet*, von Gott her mit neuem Sein *überbildet*. Josef Quint und Herma Piesch machen darauf aufmerksam, daß die Formulierung *übergewandelt in ein göttlich Bilde* weder bei Eckhart noch in der sonstigen mittelhochdeutschen Literatur belegt sei. Doch mit dieser Formulierung steht Meister Eckhart auf neutestamentlichem Grund, spricht es doch Paulus im großen Auferstehungskapitel des I. Korinther-Briefs (Kap. 15,51) lapidar aus: «Wir werden alle verwandelt werden.» Und eben dies ist eine neue Seinsweise, die Seinsweise und der Adel des neuen Menschen, den Eckhart predigt.

So haben wir bei dem Hochheimer Meister und Prediger beides, zum einen das Insistieren auf dem Ereignis des schlagartigen Durchbruchs, zum anderen aber auch das Stufe um Stufe sich vollziehende *Hinaufkehren in die Ewigkeit, in Gott allein.* Im Grunde ist das, was emporhebt, und das, was es dort findet, identisch. Deshalb das aufmunternde *Sei eins, auf daß du Gott finden könntest!*[117]. Das Finden und Hineingelangen in die Einheit entspricht dem Erkennen. Es ist einer bloß rationalen Einsicht und einem bloßen Für-richtig-Halten unendlich überlegen. Eckhart meint ein spirituelles Erkennen, nämlich *daß Blume und Kern der Seligkeit in jener Erkenntnis liegen, bei der der Geist erkennt, daß er Gott erkennt*[118]. Damit wird in der Seele ein Licht entzündet, das erleuchtende und zugleich zum Heil hin verwandelnde Wirkung auf den Menschen ausübt. Es bereichert nicht das irdische Wissen, sondern es schafft Teilhabe an der ewigen Weisheit, die Gott allein gibt.

Um das Gemeinte auch noch in anderer Weise zu verdeutlichen, werden in der Predigt vom *Edlen Menschen* zwei Erkenntnisarten deutlich voneinander unterschieden. Die eine nennt Eckhart die *Abenderkenntnis* (*abentbekantnisse*), wenn es sich darum handelt, die Kreaturwelt in ihrer vergänglichen Mannigfaltigkeit zu erkennen, also gewissermaßen von unten her und von ihrem raum-zeitlichen Aspekt aus. Es ist eine mehr nach außen gerichtete Seelenhaltung, deren Berechtigung Eckhart letztlich nicht bestreiten will. Ihr setzt er aber noch eine ganz anders geartete, gleichsam geadelte Erkenntnis entgegen: *Wenn man die Kreaturen in Gott erkennt, so heißt und ist das eine «Morgenerkenntnis» (morgenbekantnisse), und auf diese Weise schaut man die Kreaturen ohne alle Unterschiede und aller Bilder entbildet und aller Gleichheit entkleidet in dem Einen, das Gott selbst ist. Auch dies ist der «edle Mensch», von dem unser Herr sagt: «Ein edler Mensch zog aus»; (er ist) darum edel, weil er Eins ist und Gott und Kreatur im Einen erkennt.*[119] Die Bilder dieser Welt und alles Geschöpfliche werden in ihrer Vorläufigkeit und Uneigentlichkeit durchschaut. *Morgenerkenntnis* läßt die Phänomene hinter sich und dringt zum Urphänomen vor, wie es sich von Gott her schenkt. Der edle Mensch *nimmt und schöpft sein ganzes Sein, Leben und seine Seligkeit bloß nur von Gott, bei Gott und in Gott*[120].

Noch eine andere wichtige Einsicht teilt Meister Eckhart mit. Es ist die der innigen Korrespondenz von Selbsterkenntnis und Gotteserkenntnis, eine Einsicht, die eine zu erringende spirituelle Psychologie (z. B. Transpersonale Psychologie) heute aufs neue ans Licht zu bringen hat.[121] *Wenn die Seele erkennt, daß sie Gott erkennt, so gewinnt sie zugleich Erkenntnis von Gott und von sich selbst.*[122]

Meister Eckharts Betrachtung mündet schließlich in das Wort des Evangeliums ein, von dem sie ihren Ausgang genommen hat: *Darum sagt unser Herr gar recht, daß «ein edler Mensch auszog in ein fremdes Land, sich ein Reich zu gewinnen, und zurückkam». Denn der Mensch muß in sich selber Eins sein und muß dies suchen in sich und im Einen und empfangen im Einen, das heißt: Gott lediglich schauen; und «zurückkommen», das heißt: wissen und erkennen, daß man Gott erkennt und weiß.*[123]

Fragt man nach dem Ertrag, den Meister Eckhart in seinem Trostbuch samt anhängender Predigt eingebracht hat, dann läßt sich dieser mit den Worten von Herma Piesch so zusammenfassen: «‹Werde Sohn›, so hatte der Imperativ des Trostbuchs gelautet. ‹Sei Eins› hatte ihn die Predigt *Von dem edlen Menschen* ergänzt. Durch Beginn und Schluß des ganzen *Liber Benedictus* ist angedeutet, daß Eckhart beides noch zusammenfassen wollte in einem: ‹Sei ein Mensch der Beschauung›. ‹Zieh aus in ein fernes Land›, um als ein Gott allein schauender Mensch das ‹Reich› des Eins-Seins mit ihm zu gewinnen. Sei ein Mensch der Beschauung, dann bist du wahrhaft getröstet. Sei ein Mensch der Beschauung, dann bist du wahrhaft ein edler Mensch.»[124]

Von Abgeschiedenheit

Wer mit dem Wissen an Meister Eckhart herantritt, daß Mystik eine bestimmte Qualität und Intensität spiritueller Erfahrung sei, der muß noch hinzulernen, ja er muß in mancher Hinsicht umlernen. Das ergibt sich, wenn man nach Eckharts eigentlicher Intention und nach seinem «geistlichen Predigtprogramm»[125] fragt. Nun hat der Prediger sein Thema selbst auf einen einfachen Nenner gebracht: *Wenn ich predige, so pflege ich zu sprechen von Abgeschiedenheit (abegescheidenheit) und daß der Mensch ledig werden soll seiner selbst und aller Dinge. Zum zweiten, daß man wieder eingebildet werden soll in das einfaltige Gut, das Gott ist. Zum dritten, daß man des großen Adels gedenken soll, den Gott in die Seele gelegt hat, auf daß der Mensch damit auf wunderbare Weise zu Gott komme. Zum vierten von der Lauterkeit göttlicher Natur – welcher Glanz in göttlicher Natur sei, das ist unaussprechlich.*[126]

Mit gutem Recht darf in dieser knappen Zusammenfassung das geistliche Konzept des Meisters gesehen werden, dem es daran liegt, zu dem Einen, das not tut, hinzuführen. Letzte Entschiedenheit wird gefordert, eine Entschiedenheit, die so weit geht, daß der Mensch der Christusnachfolge selbst all das läßt, was die Durchschnittsfrömmigkeit des Normalchristen als Momente religiöser Erfahrung durchaus schätzt. Hans Urs von Balthasar hat es einmal den «Verzicht auf jede Teilerfahrung und jede subjektive Rückversicherung genannt, solchermaßen Erfahrenes für sich zu besitzen». Und Alois M. Haas spricht im selben Zusammenhang von «Verzicht auf Transzendenzerfahrung im Sinne eines geistlichen Besitzes», wobei er auf das Leiden bzw. auf das Einförmigwerden mit Christus verweist.[127]

Weil nun die Abgeschiedenheit für Eckhart eine derart richtungweisende Bedeutung gewonnen hat, wird der gleichnamige Traktat ihm heute zugeschrieben.[128] Überliefert ist das kleine Werk in über 30 Handschriften, jedoch ohne Herkunftsbezeichnung. Selbst die Datierung ist unklar. Wenn ein Forscher wie Kurt Ruh sich einst denen anschloß, die die Echtheit des Textes in Zweifel zogen, so muß er inzwischen zugeben, «daß auch der Nachweis der Unechtheit der Stringenz entbehrt... Man kann sogar sagen, daß inhaltlich kaum etwas in diesem Traktat steht, das nicht von Eckhart sein könnte. Auf der anderen Seite gibt es Befremdliches in Formulierungen und Terminologie, auch die Disposition ist nicht immer fest gefügt, gleichsam mit sekundären Bestandteilen durchschossen.»[129]

Halten wir uns an den Text[130] selbst, dann begegnet uns der Autor als einer, der in der Abgeschiedenheit eine außerordentliche, alle anderen Qualitäten überragende Tugend erblickt: *Wenn ich alle Schriften durchgründe, soweit meine Vernunft es zu leisten und soweit sie zu erkennen vermag, so finde ich nichts anderes, als daß lautere Abgeschiedenheit alles übertreffe, denn alle Tugenden haben irgendein Absehen auf die Geschöpflichkeit, während Abgeschiedenheit losgelöst von allen Geschöpfen ist. Darum sprach unser Herr zu Martha: «Unum est necessarium»* (Eins aber ist not; Luk. 10.42), *das besagt so viel wie: Martha, wer unbetrübt und lauter sein will, der muß Eines haben, das ist Abgeschiedenheit.*[131] Eckhart lobt Abgeschiedenheit selbst vor aller Liebe. Das Argument mag verwundern, wenn man hier liest, daß Abgeschiedenheit Gott geradezu zwinge, den Menschen zu lieben. Wahre Abgeschiedenheit erzwinge die Einheit mit Gott. *Und der Mensch, der so in voller Abgeschiedenheit steht, der wird so in die Ewigkeit entrückt, daß ihn nichts Vergängliches (mehr) bewegen kann, daß er nichts (mehr) empfindet, das leiblich ist, und er heißt tot für die Welt, denn ihm schmeckt nichts, das irdisch ist. Das meinte Paulus, der da sprach: «Ich lebe und lebe doch nicht; Christus lebt in mir.»* (Gal. 2,20)[132]

Abgeschiedenheit ist es auch, die in sich selbst so edel ist, weil sie den Menschen *in die größte Gleichheit mit Gott* versetzt, eine Gleichheit, die freilich nicht als menschliches Werk angesehen werden kann, sondern als eine Frucht, das heißt als ein Geschenk der Gnade. Ihren eigentlichen Grund aber hat die von Eckhart gemeinte Abgeschiedenheit in jener Abgeschiedenheit, die in Gott selbst urständet, unberührt von allem Geschöpflichen, weil sie aus Gott von Ewigkeit herrührt. Ja, der Autor des Traktats geht noch weiter, wenn er sagt: *Alle Gebete und guten Werke, die der Mensch im Zeitlichen verrichten kann, davon wird Gottes Abgeschiedenheit so wenig bewegt, als ob niemals ein Gebet oder ein gutes Werk in der Zeit verrichtet würde, und Gott wird deshalb nimmer gnädiger noch geneigter gegenüber dem Menschen, als wenn er das Gebet oder die guten Werke niemals verrichtete. – Ich sage zudem weiter: Als der Sohn in der Gottheit Mensch werden wollte und ward und die Marter erlitt, ging das die unbewegliche Abgeschiedenheit Gottes so wenig an, wie wenn er nie Mensch geworden wäre.*[133] Sätze wie diese können leicht mißdeutet werden; doch Eckharts Absicht geht nicht dahin, Gebet oder Werk oder das göttliche Heilsgeschehen zu entwerten. Woran ihm liegt, das ist offensichtlich sein Bemühen, die Tiefe und Unergründlichkeit der Transzendenz Gottes hervorzuheben. Es geht – mit Kierkegaard zu reden – um den «unendlichen qualitativen Unterschied» zwischen Gott und Mensch, zwischen Ewigkeit und Zeit. Erst wo diese Transzendenz Gottes ernst genommen wird, bekommt andererseits Gottes Zuwendung und Nähe die ihr zustehende Bedeutung.

Meister Eckhart versäumt deshalb nicht, im gleichen Kontext von eben diesem transzendenten Gott zu sagen: *Er sah auch das geringste Gebet und gute Werk, das jemand verrichten würde, und sah an, welches Gebet und (welche) andächtige Hingabe er erhören wollte und sollte; er sah, daß du ihn morgen mit Ernst anrufen und bitten willst, und dieses Anrufen und Gebet wird Gott nicht erst morgen erhören, denn er hat es (bereits) in seiner*

Aus Seuses «Büchlein der ewigen Weisheit», 1328

Ewigkeit erhört, ehe du je Mensch wurdest. Ist aber dein Gebet nicht eindringlich und ohne Ernst, so wird dich Gott nicht (erst) jetzt abweisen, denn er hat dich (ja schon) in seiner Ewigkeit abgewiesen.[134] – Das Urbild der Abgeschiedenheit aber ist Christus, jener Christus, der sich seinen Jüngern der irdischen Erscheinung nach (als historischer Jesus) entziehen muß (Joh. 16,7), damit er ihnen ohne räumliche oder zeitliche Begrenzung in der Kraft des Heiligen Geistes (als der Christus-Archetypus) nah sein kann. Eckhart zieht daraus den Schluß und die Forderung: *Darum scheidet ab die bildhafte Erscheinung und vereinigt euch mit dem formlosen Sein, denn Gottes geistiger Trost ist fein geartet; darum will er sich niemand darbieten als dem, der leiblichen Trost verschmäht.*[135]

Man sieht, daß Eckharts subtile Lehre von Adel und Nutzen der Abgeschiedenheit konkrete Folgerungen für die Lebenspraxis des Christenmenschen hat, denn diese Abgeschiedenheit *reinigt die Seele und läutert das Gewissen / und entzündet das Herze / und weckt den Geist / und be-*

schleunigt das Verlangen / und läßt Gott erkennen / und scheidet ab die Kreatur / und vereinigt sich mit Gott. Oder um es noch schlichter, lebensnaher zu sagen: *Das schnellste Tier, das euch zu dieser Vollkommenheit trägt, das ist Leiden; denn es genießt niemand mehr ewige Süßigkeit als die, die mit Christus in der größten Bitterkeit stehen.*[136]

So führt Abgeschiedenheit den Menschen vom selbstverschlossenen Ego zur wahren Identität im Wesen, von einem egoistischen Haben-Wollen zum wahren Sein des Menschen.

Predigten

Auch wenn es aus formalen Gründen berechtigt ist, Traktate und Predigten in den deutschen Werken zu unterscheiden, so war der Besprechung der als Traktate publizierten Texte bereits zu entnehmen, wie sehr beide Stilformen geistlicher Unterweisung bei Eckhart zusammengehören. Deutlich wurde das aus der Wechselbeziehung des Trostbuchs für Königin Agnes (*Liber benedictus*) und der anschließenden Predigt *Vom edlen Menschen*, aber auch im Traktat *Von Abgeschiedenheit*. Da wie dort zeigt sich Eckharts große Ehrfurcht vor dem Wort. Diese Ehrfurcht kann geradezu als «Kennzeichen der Eckhartschen Predigt» (H. Fischer) angesehen werden.

Nun wäre es in mancher Hinsicht vorteilhaft, wenn man die Besprechung des Eckhartschen Predigtwerks in chronologischer Reihenfolge durchführen könnte. Doch dafür fehlen die Voraussetzungen, sei es, daß die Echtheitsfrage nur bei einem Teil der über 100 bekannten, Eckhart zugeschriebenen Predigten geklärt ist, sei es, daß die Überlieferungsgestalt, bisweilen auch die Bruchstückhaftigkeit der Texte Probleme aufwerfen. Im Rahmen der deutschen Werke sind bereits 86 Eckhart-Predigten herausgegeben und mit kritischen Kommentaren versehen worden.

Unterscheiden lassen sich frühe Predigten, die in den Umkreis und in die Entstehungszeit der *Reden der Unterweisung* hineingehören. Zeitlich folgen sodann Predigten, die Eckhart als Provinzialoberer gehalten hat. Hier ist an die Texte zu denken, die in «Paradisus anime intelligentis» aufgenommen sind. Es handelt sich um eine gegen Mitte des 14. Jahrhunderts entstandene bzw. redigierte Predigtsammlung, die mit ziemlicher Wahrscheinlichkeit durch die Erfurter Dominikaner zusammengestellt worden ist. Die 32 Eckhart-Predigten sind weiteren 32 Predigten anderer Autoren zugeordnet. Schließlich gibt es eine dritte Gruppe von Predigten, nämlich diejenigen, die aus Eckharts Straßburger und Kölner Zeit stammen. Ortsangaben und Rückverweise erlauben wenigstens hier an einigen Stellen[137] eine nähere Bestimmung, etwa wenn der Kölner Prediger daran erinnert, daß er *neulich* im Zisterzienserinnenkloster St. Ma-

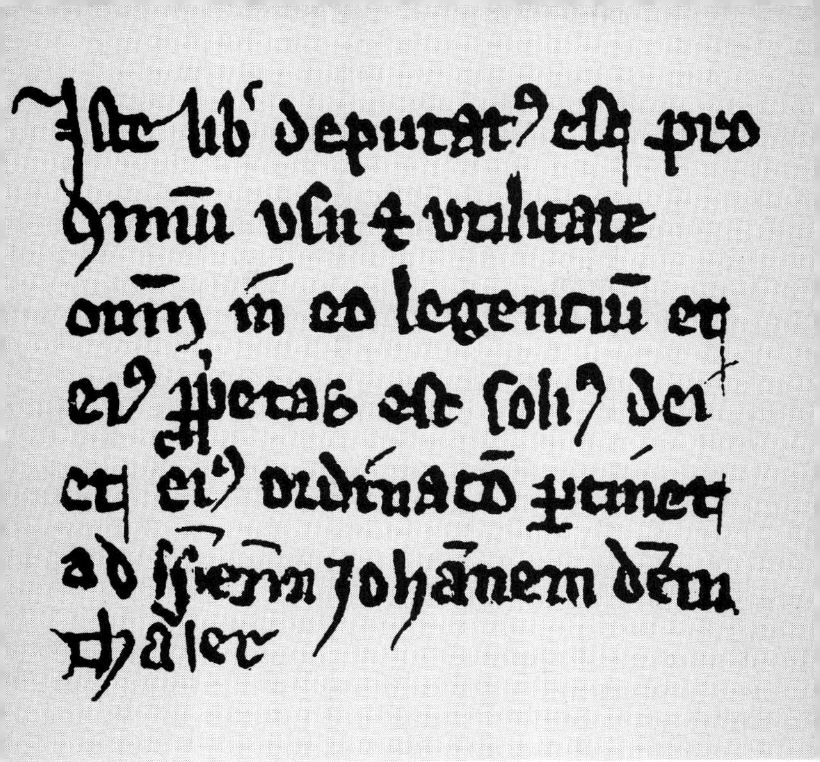

Die einzige bekannte eigenhändige Aufzeichnung Johannes Taulers

riengarten, ein andermal in der Schule (dem Kölner Studium generale der Dominikaner) gesprochen habe.

Die hohen Ansprüche, die zudem der Prediger an seine Hörer und Leser stellt, sind schon zu seinen Lebzeiten empfunden worden. Eckharts Ordensbruder Johannes Tauler muß ihn gemeint haben, als er in einer Predigt am Vorabend des Palmsonntags sagte: «So lehrt es und sagt euch hiervon ein liebenswerter Meister, aber das versteht ihr nicht. Er sprach aus dem Blickwinkel der Ewigkeit, ihr aber faßt es der Zeitlichkeit nach auf.»[138]

Themen und Gehalte Eckhartscher Mystik

Die Gottesgeburt in der Seele

Das umfangreiche deutsche Predigtwerk Meister Eckharts bietet verschiedene Möglichkeiten der Annäherung und der Vertiefung. Zu jenen Texten, die zum Grundbestand seiner Mystik gehören, zählt zweifellos die Predigt über das 10. Kapitel des Lukas-Evangeliums: Jesus besucht eine Frau mit Namen Martha (Intravit Jesus in quoddam castellum). – Der Herausgeber hat dem Predigttext, in der Edition mit der Nummer 2, eine vorrangige Stellung eingeräumt[139]: «In dieser Predigt sucht [Meister Eckart] das Höchste und Letzte über die unio mystica auszusagen. Diese unio ist aber die Einigung des schlechthin einfaltigen Seelengrundes mit dem schlechthin einfaltigen, wüsten Grunde der Gottheit, jenseits von deren Entfaltung in die drei Personen, natürlich als der Erfolg der Sohnesgeburt in der Seele.»[140]

Und Kurt Ruh pflichtet Josef Quint bei, wenn er betont, in dieser Predigt liege «eine der umfassendsten Darlegungen von Eckharts Lehre vom Seelenfünklein vor, in dem sich die Gottesgeburt ereignet»[141]. Somit sind von diesem Text Aufschlüsse zu erwarten, wie Eckhart von der Gottesbeziehung des Menschen denkt, mit anderen Worten: von welchem Menschenbild er ausgeht.

Freilich ist es nicht ganz unproblematisch, gerade diesen bedeutsamen Text heranzuziehen. Es ist nämlich zu bedenken, daß die für die Ermittlung von Eckharts authentischen Äußerungen so wichtige «Rechtfertigungsschrift» diese Predigt zu Lukas 10 ausläßt. Und nicht nur das; Eckhart hat sich von der damals und heute vorliegenden Nachschrift ausdrücklich distanziert, weil sie *viel Dunkles und Zweifelhaftes* (*obscura et dubia*) enthalte, das er niemals so gesagt habe, weshalb er den Text – man wird einfügen dürfen: in der vorliegenden Gestalt – von sich weisen müsse. Ein gewichtiges Wort! Doch hat die Forschung eine Lösung bzw. einen Ausweg gefunden. Es konnte mit einer gewissen Wahrscheinlichkeit nachgewiesen werden, daß es sich zwar um echte Wortlaute Eckharts handle, daß wir es aber offensichtlich mit dem Produkt eines Redaktors zu tun haben, der zwei Texte miteinander verbunden haben wird, indem er sie zusammenschob.[142] So können die Kern-

Das Paradiesgärtlein. Oberrheinischer Meister, um 1410

aussagen im angegebenen Sinne genutzt werden. Durch ihre Konkordanz mit dem Gesamtwerk des Meisters sind sie ohnehin bestätigt.

Zunächst zum Evangelientext: Nach Lukas (Kap. 10,38–42) ist Jesus mit seinen Jüngern unterwegs. In einer Ortschaft macht er halt und besucht das Schwesternpaar Maria und Martha. Während nun Martha sich als Hausfrau viel zu schaffen macht, um ihren Gast zu bewirten, setzt sich Maria zu Jesu Füßen, um seiner Unterweisung aufmerksam zuzuhören. Darüber ist Martha ungehalten: «Herr, fragst du nicht danach, daß mich meine Schwester allein dienen läßt? Sag ihr doch, daß sie es auch angreife!» Jesu Antwort auf diesen Vorwurf ist ebenso unmißverständlich: «Martha, Martha, du hast viel Sorge und Mühe. Eins aber ist not! Maria hat das gute Teil erwählt; das soll nicht von ihr genommen werden.» (Verdeutschung nach Luther.)

Nun ist es bemerkenswert, daß der Eckhartschen Predigt zwar der Anfang der lateinischen Evangelienfassung zugrunde gelegt ist, die sich ihrerseits am griechischen Urtext orientiert. Eckharts Verdeutschung dieses Textes ist jedoch durch eine inhaltliche Veränderung gekennzeichnet: *Unser Herr Jesus Christus ging hinauf in ein Burgstädtchen (castellum) und ward empfangen von einer Jungfrau, die ein Weib war.* –

Von einer «Jungfrau» spricht das Evangelium jedoch ebensowenig wie von einem «Weib». Aber vor allem auf die Korrespondenz dieser beiden weiblichen Seinsweisen kommt es dem Prediger an. Nicht nur an dieser Stelle nimmt er das Recht einer freien Gestaltung bzw. Deutung des Evangeliums für sich in Anspruch. Das ist auch nicht verwunderlich. Denn nicht die historische Dimension des Berichteten interessiert ihn. Vorrang hat für den Mystiker Eckhart, was «jetzt und hier» geschieht. Entscheidend bleibt, was sich in der Seele des heutigen Menschen ereignet. Und dafür gibt die Evangelienstelle das zu interpretierende Bild ab. Auf dem Wege der allegorischen Schriftauslegung ist eben dieses Jetzt und Hier sichtbar und nacherlebbar zu machen. Dem jeweiligen Hörer oder Leser der Predigt obliegt es, die einzelnen Elemente des gepredigten Wortlauts aufzuschlüsseln. Und wenn letztlich gar keine Begebenheit in Raum und Zeit vom Evangelisten gemeint ist bzw. gemeint sein sollte, stellt sich die Frage, was mit der Metapher *Burgstädtchen* oder *Bürglein* (castellum) bei Eckhart gemeint ist; was man unter *Jungfrau* bzw. unter *Weib* zu verstehen habe; schließlich welche Botschaft aus der Seelenhaltung von Maria und Martha spricht. Für Meister Eckhart ist es zunächst wichtig, daß Jesus bei einer Jungfrau einkehrt. Und nun die aufschlüsselnde Deutung: *Jungfrau besagt so viel wie ein Mensch, der von allen fremden Bildern ledig ist, so ledig, wie er war, da er noch nicht war... Wäre ich von so umfassender Vernunft, daß alle Bilder, die sämtliche Menschen je (in sich) aufnahmen und (zudem) die, die in Gott selbst sind, in meiner Vernunft stünden, doch so, daß ich so frei von Ich-Bindung an sie wäre, daß ich ihrer keines im Tun noch im Lassen, mit Vor noch mit Nach als mir zu eigen ergriffen hätte, daß ich vielmehr in diesem gegenwärtigen Nun frei und ledig stünde für den liebsten Willen Gottes und ihn zu erfüllen ohne Unterlaß, – wahrlich, so wäre ich Jungfrau ohne Behinderung durch alle Bilder, ebenso gewiß, wie ichs war, da ich noch nicht war.*[143]

Man sieht, wie wichtig dem Prediger der deutschen Mystik das Ledigsein ist und das Befreitsein von allem Irdischen, Abbildartigen. *Jungfrau* ist somit der selbstredende Bildausdruck für die «herrliche Freiheit der Kinder Gottes» nach dem Verständnis des Apostels Paulus (Röm. 8,21). *Jungfrau* ist weiter der Ausdruck für ein ganz neues, auf dem Weg mystischer Innerung (Meditation) zu erlangendes Menschsein. Eckhart fährt daher fort: *Daß der Mensch Jungfrau ist... das alles läßt ihn magdlich und frei dastehen ohne jede Behinderung an der obersten Wahrheit, so wie Jesus ledig und frei ist und magdlich in sich selbst. Wie die Meister sagen, daß nur gleich und gleich Grund für die Vereinigung ist, darum muß der Mensch Magd sein, Jungfrau, die den magdlichen Jesus empfangen soll.* Damit wird Jesus – in diesem Kontext zumindest – selbst eine Metapher für selbstlose Empfängnisbereitschaft.

Aufnahmefähig zu sein für den Christus (nicht etwa nur für den histori-

Dominikaner, anbetend vor einem Marienaltar.
Aus dem «Codex Manesse», Anfang 14. Jahrhundert

schen Jesus von Nazareth!), das ist das Eine. Dazu fügt Eckhart sodann die andere Qualität bzw. Potentialität des neuen Menschen, um den es ihm geht, wenn er auf das Weibsein der menschlichen Seele zu sprechen kommt. Denn «Weib», im Sinne von Eheweib, ist für ihn *der edelste Name, den man der Seele zulegen kann, und ist viel edler als «Jungfrau».* – Diese höhere Wertschätzung der Ehefrau vor der Ledigen durch einen selbst ehelos lebenden Mönch und angesichts von Nonnen, die ebenfalls lebenslange Keuschheit gelobt haben, mag auf den ersten Blick verwundern. Doch um einen solchen äußeren Vergleich geht es dem Prediger nicht. Was also besagt die Wendung, *eine Jungfrau, die ein Weib ist*? Der unmittelbare Textzusammenhang enthält die Antwort, wenn es heißt: *Daß der Mensch Gott in sich empfängt, das ist gut, und in dieser Empfänglichkeit ist er Jungfrau. Daß aber Gott fruchtbar in ihm werde, das ist besser; denn Fruchtbarwerden der Gabe, das allein ist Dankbarkeit für die Gabe, und da ist der Geist Weib in der wiedergebärenden Dankbarkeit, wo er Jesum wiedergebiert in Gottes väterliches Herz.* Das Jungfrausein und das Weibsein müssen zusammenkommen. Gemäß seiner spirituellen Betrachtungsweise sind beide dann identisch, wenn die eine Ausdruck der reinen Empfangsbereitschaft, die andere Ausdruck der Fruchtbarkeit ist. Auch besteht kein Zweifel über die Art der Fruchtbarkeit des Weibes: *Denn der ewige Vater gebiert seinen ewigen Sohn in dieser Kraft ohne Unterlaß so, daß diese Kraft den Sohn des Vaters und sich selbst denselben Sohn in der einigen Kraft des Vaters mitgebiert.* Das heißt doch: Jungfrau und Eheweib, beide als Ausdruck für eine spirituelle Einheit verstanden, stellen eine *Kraft der Seele* dar, in der letztlich der ewige Vater selbst schöpferisch-zeugend tätig wird. Er ist es, der in der Menschenseele seinen Sohn gebiert.

Damit ist Meister Eckhart wieder bei seinem großen Thema. Das, was sich in der Fülle der Zeit (Gal. 4,4) im Heiligen Land begab, und das, was der Maria als Frau und Mutter widerfuhr, das bleibt nicht allein einmaliges Geschichtsereignis, sondern es wird – mit Rudolf Steiner zu reden – «mystische Tatsache»[144]. – Schließlich weiß Eckhart von einer Kraft, von der Wirkungen ausgehen, die durch keine menschliche Aktivität zu «machen» bzw. zu ersetzen sind. *In dieser Kraft ist Gott ohne Unterlaß glimmend und brennend mit all seinem Reichtum, mit all seiner Süßigkeit und mit all seiner Wonne. Wahrlich, in dieser Kraft ist so große Freude und so große, unermeßliche Wonne, daß es niemand erschöpfend auszusagen oder zu offenbaren vermag.* Wie aber steht es mit dem Leiden, von dem Eckhart einmal gesagt hat, daß es *das schnellste Tier*[145] zur Vollkommenheit sei? Entscheidend ist für ihn die eigentliche Motivation für die Leidensbereitschaft des Menschen: *Willst du recht wissen, ob dein Leiden dein sei oder Gottes, das sollst du hieran erkennen: Leidest du um deiner selbst willen, in welcher Weise es immer sei, so tut dir dieses Leiden weh und ist dir schwer zu ertragen. Leidest du aber um Gott und um Gottes willen allein, so tut dir dieses Leiden nicht weh und ist dir auch nicht schwer, denn Gott trägt die Last.*

Von hier aus findet Eckhart den Übergang zu dem anderen Bildwort seines Textes: «Burgstädtchen». In ihm sieht er eine biblische Entsprechung zu dem, was er bisweilen als *eine Kraft im Geiste*, als *eine Hut des Geistes*, *ein Licht des Geistes* oder auch als *ein Fünklein* (scintilla) genannt hat. Aber was immer die Benennungen sein mögen, sie bleiben schließlich unzulängliche Versuche der Andeutung dessen, was eigentlich ge-

Teresa von Ávila in der Verzückung. Altargruppe von Gian Lorenzo Bernini, 1646 (Kirche Santa Maria della Vittoria, Rom)

meint ist. Obwohl sich Eckhart der verschiedenen Bezeichnungen bedient, muß er doch in dieser Predigt einschränkend sagen: *Es ist weder dies noch das; trotzdem ist es ein Etwas, das ist erhabener über dies und das als der Himmel über der Erde. Darum benenne ich es nun auf eine edlere Weise, als ich es je benannte, und doch spottet es sowohl solcher Edelkeit wie der Weise und ist darüber erhaben. Es ist von allen Namen frei und aller Formen bloß, ganz ledig und frei ist in sich selbst. Es ist so völlig eins und einfaltig, wie Gott eins und einfaltig ist, so daß man mit keinerlei Weise dahinein zu lugen vermag. Jene nämliche Kraft, von der ich gesprochen habe, darin Gott blühend und grünend ist mit seiner ganzen Gottheit und der Geist in Gott, in dieser selben Kraft gebiert der Vater seinen eingebore-*

nen Sohn so wahrhaft wie in sich selbst, denn er lebt wirklich in dieser Kraft, und der Geist gebiert mit dem Vater denselben eingeborenen Sohn und sich selbst als denselben Sohn, und ist derselbe Sohn mit diesem Lichte und ist die Wahrheit.

Man sieht, wie weit sich Eckhart von der Ortschaft entfernt, von dem die Evangelienstelle spricht. Denn jenes bereits besprochene *Burgstädtchen* oder *Bürglein* – Teresa von Ávila wird später von der «Seelenburg» sprechen – entspricht ja jenem Seeleninnern des Mystikers, das sich dem Jesus Christus öffnet. Und dann die unerhörte, für die ersten Predigthörer gewiß erschütternde Mitteilung: *Mit dem Teile* (d. h. mit dem Bürglein in der Seele) *ist die Seele Gott gleich und sonst nicht...*

Als habe er den Eindruck, schon zuviel zu seinen Zuhörern gesagt zu haben oder spirituell noch nicht Gereiften ein Mysterium vorschnell anvertraut zu haben, fügt der Prediger eine Bemerkung hinzu, die zeigt, wie stark das Gesagte von ihm Besitz ergriffen hat; es spricht nicht nur ein Lesemeister, sondern ein erfahrener Lebemeister: *Könntet ihr mit meinem Herzen erkennen, so verstündet ihr wohl, was ich sage; denn es ist wahr, und die Wahrheit sagt es selbst.* Damit aber diese sich selbst aussprechende Wahrheit vernommen werden kann – dozieren oder beliebig vermitteln kann man sie nicht –, bedarf es eines adäquaten Erkenntnisorgans. Der Mensch selbst muß so tiefgreifend umgewandelt werden, daß er die Wesensgleichheit mit dem zu Erkennenden erreicht. Daß Meister Eckhart derartige Gedanken gehegt hat, können wir dort ausgesprochen finden, wo er verlangt, der Mensch werde erst dann die Wahrheit, sodann des Predigers Bezeugung dieser Wahrheit verstehen, wenn er ihr gleich geworden sei. *Denn es ist eine unverhüllte Wahrheit, die da gekommen ist aus dem Herzen Gottes unmittelbar.*[146]

Damit ist unmißverständlich ausgesprochen: Mystisches Erkennen muß den Bannkreis einer dinghaften Subjekt-Objekt-Erkenntnis durchbrechen. Unmittelbarkeit ist herzustellen, und zwar eine solche, bei der sich der Erkennende in einen Prozeß der Verwandlung, in den der «Geburt von oben her» (Joh. 3,7) hineinbegibt. Das christliche Mysterium der Wandlung, das Geheimnis von Sterben und Auferstehen findet in diesem Erkennen die ihm entsprechende Form der Verwirklichung. Deshalb sagt Eckhart an anderer Stelle: *Was immer zu Gott kommt, das wird verwandelt; so geringwertig es auch sei, wenn wir es zu Gott bringen, so entfällt es sich selbst.*[147]

Maria und Martha

Es gibt noch eine andere Predigt, der dasselbe Textwort aus dem Lukas-Evangelium zugrunde gelegt ist. Im Mittelpunkt steht das Schwesternpaar, an dem Eckharts Einschätzung der an Maria bzw. an Martha ables-

Jesus bei Maria und Martha. Federzeichnung von Rembrandt, um 1648

baren Seelenhaltung deutlich wird. Wie sich zeigt, macht der Prediger auch hier für seine Auslegung von Freiheiten Gebrauch, die dem heutigen Exegeten normalerweise versagt sind.

Der verhältnismäßig lange Text beginnt damit, daß Eckhart je drei Motive benennt, die Maria zur meditativen, nach innen gekehrten Seelenhaltung veranlaßt haben, die rührige Martha hingegen zum tätigen Leben. Bei der empfangsbereiten Maria spricht Eckhart von dem Umfangensein von der Güte Gottes sowie von dem *süßen Trost und der Wonne, die sie* (Maria) *aus den ewigen Worten schöpfte, die da aus Christi Mund flossen*[148]. Bei Martha hebt der Prediger deren innere Reife hervor sowie die *weise Besonnenheit, die das äußere Wirken recht auszurichten wußte auf das Höchste, das die Liebe gebietet*.

Daß der Mystiker die kontemplative Einstellung der Maria rühmen werde, darf man erwarten, vor allem weil Jesus im Evangelium Marias Haltung gegenüber ihrer Schwester ausdrücklich verteidigt: «Eins aber tut not. Maria hat das gute Teil erwählt...» Doch Eckhart setzt sich über diesen unzweifelhaften Skopus, über die Sinnmitte des Evangeliums kühn hinweg. An die darauf gründende traditionelle Deutung fühlt er sich nicht gebunden. Wohl weiß er als spirituell geschulter und wohl auch schulender Ordensmann um den geistlichen Wert des Exercitiums, der Askese, der Meditation und der kontemplativen Versenkung, bei der der

Maria und Martha. Gemälde von Pieter Aertsen, 1553

Mensch – wie Maria – ganz Ohr wird für das ewige Wort. Eckhart verkennt bei Maria auch nicht *ein großes, unaussprechliches Verlangen nach der Güte Gottes*. Und doch ist ihm wichtiger, daß aus dem inneren Vernehmen heraus die praktische Tat wird. Die *Jungfrau* muß zugleich *Weib* sein, die ihre Frucht austrägt. Von daher darf Eckharts Deutung nicht mit der Elle schulmäßiger Bibelauslegung gemessen werden.

Die praktische Erfahrung des klösterlichen Seelenführers kennt zudem die Gefährdung der Mönche und Nonnen durch eine selbstverschlossene, ichbezogene, also egoistische Innerlichkeit, die sich zwar an spirituellen

Gütern labt, sich jedoch wenig um ihre Verantwortung für die alltäglichen Aufgaben kümmern möchte. Eckhart kennt jene Leute, die – wie er einmal sagt – Gott ansehen und lieben wie eine Kuh, von der sie einen bestimmten Nutzen erwarten. *Die aber lieben Gott nicht recht, sondern sie lieben ihren Eigennutz, Ja, ich sage bei der Wahrheit: Alles, worauf du dein Streben richtest, was nicht Gott in sich selbst ist, das kann niemals so gut sein, daß es dir nicht ein Hindernis für die höchste Wahrheit ist.*[149] Spiritualität als Hindernis auf dem Weg zu Gott bzw. auf dem Weg Gottes zum Menschen; eine Pseudo-Spiritualität, die im Grunde ein schlecht kaschierter spiritueller Materialismus oder Egoismus ist! Und der Meister meint, Menschen wie Maria neigen allzu leicht dazu, im Wohlgefühl eines kontemplativen Genusses zu schwelgen, statt sich zu engagieren. *Wir hegen den Verdacht, daß sie, die liebe Maria irgendwie mehr um des wohligen Gefühls als um des geistigen Gewinns willen dagesessen habe. Deshalb sprach Martha: «Herr, heiß sie aufstehen!», denn sie fürchtete, daß sie* (Maria) *in diesem Wohlgefühl steckenbliebe und nicht weiterkäme.*

Wir werden nicht fehlgehen, wenn wir diese an sich eigenwillige Deutung durch eine wohlerwogene seelsorgerliche Absicht auch hier motiviert sehen. Meister Eckhart versucht solche Zuhörer(innen) in besonderer Weise anzusprechen, die sich gern auf ein passives Kontemplieren zurückziehen und darüber ihre Alltagspflichten, das Gebot der Liebe, vernachlässigen. Für einen spirituell verbrämten Quietismus ist Meister Eckhart offensichtlich nicht in Anspruch zu nehmen. Bemerkenswert ist es zweifellos, daß die aktive Martha als die menschliche wie spirituell Gereiftere vorgestellt wird, indem Eckhart ihr dieses Sorgen um die geistig-geistliche Entwicklung ihrer Schwester beimißt.

Nicht die kontemplative Maria, sondern Martha wird somit zum Typus des mystischen Menschen erklärt; ein Mensch, der nicht im ekstatischen *Wohlgefühl, in der Süße* religiöser Exaltiertheit steckenbleibt, sondern der vielmehr *in gereifter, wohlgefestigter Tugend und in einem unbekümmerten Gemüt, ungehindert von allen Dingen* tätig wird, und zwar mitten in der Welt. Der Weg des Mystikers im Eckhartschen Sinne erstreckt sich demzufolge nicht allein auf die via meditativa, auf die Wendung nach innen, sondern als dessen unabdingbare Folge auch auf die via activa, die Wendung zum äußeren Werk. Die Weltwirklichkeit bleibt nicht sich selbst überlassen, als sei sie etwa eine minderwertige Schöpfung und ihres Schöpfers nicht würdig. Dem Prediger liegt es daran, bei seinen Hörern Impulse für die tätige Christusnachfolge freizusetzen.

Daß Eckhart mit seinem Appell verstanden wurde, dafür gibt es auch einen künstlerischen Beleg. Zumindest läßt sich das Bild des holländischen Malers Pieter Aertsen im Boymans-Museum Rotterdam (um 1550) zu unserem Thema als Realisation der Eckhartschen Deutung ansehen: Die geschäftige Martha fungiert als Küchenmeisterin, die weitere Mitarbeiter in den Dienst stellt. Zusammen mit den Beständen einer reich ausgestatteten Vorratskammer beherrscht ihre Gestalt das Bildgeschehen. Jesus und die Schar derer, die wie Maria ihm zuhören und sich um diese zur Schau gestellte Geschäftigkeit nicht weiter kümmern, bleiben klein und kaum erkennbar im Hintergrund. Der Japaner Shizuteru Ueda, der Text und Bild einer Analyse unterzogen hat, indem er Eckharts Menschenbild mit der Praxis des Zen verglich, kommt zu dem Ergebnis: «Martha hat Gott gelassen und ist zur Weltwirklichkeit zurückgekehrt. Jesus ist weit hinter ihr klein geworden. Martha arbeitet in der Küche. Das ist die Hauptsache, welche groß gemalt ist. Die Rückkehr zur Weltwirklichkeit ist aber für Martha zugleich der reale Vollzug des Durchbruchs durch Gott hindurch bis zum Grund, d. h. zum überbildlich-bildlosen Wesen Gottes, zum Nichts der Gottheit; und in eins mit diesem Durchbruch vollzieht sich die Rückkehr Gottes zu seinem eigenen Grund, zum Nichts der Gottheit.»[150]

Schließlich sei noch auf einen weiteren Gedankengang in der Martha-Maria-Predigt kurz eingegangen. Es ist die Frage nach dem Weg als einer praktizierbaren Weise der Christusnachfolge, obwohl für Eckhart das einmalige Geburts- und Durchbruchserlebnis von so großer Wichtigkeit ist, daß alles menschliche Streben und Machenwollen für ihn fragwürdig wird. Er selbst thematisiert die Frage nach dem Weg der Seele zu Gott. Dabei unterscheidet er drei Arten: *Die eine ist dies: mit mannigfachem «Gewerbe», mit brennender Liebe in allen Kreaturen Gott zu suchen. Den meinte König David, als er sprach. «In allen Dingen habe ich Ruhe gesucht»* (Jesus Sirach 24,11). – *Der zweite Weg ist ein wegloser Weg, frei und doch gebunden, wo man willen- und bildlos über sich und alle Dinge weithin erhaben und entrückt ist, wiewohl es doch noch keinen wesenhaften Bestand hat. Den meinte Christus ... – Der dritte Weg heißt zwar «Weg» und ist doch ein «Zuhause-Sein». Er ist: Gott zu schauen unmittelbar in seinem eigenen Sein ... Auf diesem Wege (aber) in Gott(-Vater), hineingeleitet vom Lichte seines Wortes und umfangen von der Liebe des Heiligen Geistes ...: das geht über alles, was man in Worte fassen kann.*[151]

Aber muß der Mystiker nicht doch den Versuch unternehmen, das an sich Wort- und Weiselose so sagbar zu machen, daß andere selbst den weglosen Weg zu «gehen» vermögen? Eckhart rät:

Lausche denn auf das Wunder!
Wie wunderbar:
Da draußen stehen wie drinnen,
Begreifen und umgriffen werden,
Schauen und zugleich das Geschaute selbst sein,
Halten und gehalten werden –
Das ist das Ziel:
Wo der Geist in Ruhe verharrt,
Der lieben Ewigkeit vereint.[152]

Leben von innen heraus

«Die allerbeste Gabe und die Vollkommenheit kommen von oben herab vom Vater der Lichter» – dieses Wort aus dem neutestamentlichen Jakobus-Brief (Jak. 1,17) hat Meister Eckhart zu einer Predigt inspiriert, die zwei bereits bekannte Themen seiner Verkündigung und Seelsorge nochmals aufnimmt: Die Tröstung und die Gottesgeburt im Seelengrund. Al-

Ein Dominikaner diktiert nach den Worten des lehrenden Christus einem vor ihm sitzenden Ordensbruder. Buchminiatur, um 1420

les hängt davon ab, daß der Mensch Gelassenheit übt, um zum alleinigen Gefäß des göttlichen Willens zu werden: *Gebt nun acht! Ihr müßt dies wissen: Die Menschen, die sich Gott überlassen und mit allem Fleiß nur seinen Willen suchen, was immer Gott einem solchen Menschen gibt, das ist das Beste; sei dessen so gewiß, wie daß Gott lebt, daß es notwendig das Allerbeste sein muß und daß es sonst keine Weise geben könnte, die besser wäre. Mag es auch sein, daß doch etwas anderes besser scheine, so wäre es für dich doch nicht so gut; denn Gott will eben diese Weise und nicht eine andere; und diese Weise muß notwendig für dich die beste Weise sein. Es sei (nun) Krankheit oder Armut oder Hunger oder Durst oder was immer es sei, das Gott über dich verhängt oder nicht verhängt…*[153]

Dabei fehlt nicht der Hinweis: *Wisse, wenn immer du irgendwie das Seine suchst, so findest du Gott nimmer, weil du Gott nicht ausschließlich suchst... Was immer du mit Gott suchst, das ist nichts, was es auch sei, sei's Nutzen oder Lohn oder Innerlichkeit oder was es auch sei. Daß du ein Nichts findest, ist nur dadurch verursacht, daß du ein Nichts suchst. Alle Kreaturen sind ein reines Nichts* (hier im Sinne von «nichtig»). *Ich sage nicht, daß sie geringwertig oder überhaupt etwas seien... aber ihr Sein hängt an der Gegenwart Gottes. Kehrte sich Gott nur einen Augenblick von allen Kreaturen ab, so würden sie zunichte.*

Von dem Nichtigen, das den Kreaturen dann anhaftet, wenn sie von Gott getrennt gedacht werden, wendet sich Eckhart seinem zentralen Thema zu, der Gottesgeburt: *Der Vater gebiert seinen Sohn im ewigen Erkennen, und ganz so gebiert der Vater seinen Sohn in der Seele wie in seiner eigenen Natur, und er gebiert ihn der Seele zu eigen, und sein Sein hängt daran, daß er in der Seele seinen Sohn gebäre...* Diese im strengen Sinn des Wortes esoterische Mitteilung will in die meditative Betrachtung hineingenommen werden, also in das Leben *von innen heraus*, in die Innerung.[154] Nicht darum kann es bei Eckharts kühnen Aussagen über den Rang und Adel der Seele gehen, lediglich einen theologischen oder psychologisch-anthropologischen Sachverhalt zur Kenntnis zu geben. Das Wesen des Esoterischen (in dem hier gemeinten Sinn) beruht ja darauf, daß es als eine erleuchtende, als eine das Leben verwandelnde und erneuernde Kraft erfahren wird. Und diese Erfahrung ist ein Innewerden und nicht bloße Wissensbereicherung, und sei es eine solche, die zentrale religiös-mystische Tatbestände zum Inhalt hat.

Es sind freilich große Worte, die der Prediger hier und immer wieder prägt: *Wo der Vater seinen Sohn in mir gebiert, da bin ich derselbe Sohn und nicht ein anderer.* Aber wie ist dieses Reden von Teilhabe, wenn nicht gar von Identität gemeint? Mußten nicht die ersten Hörer über das Gesagte erschrecken? Mußten nicht die Ketzerrichter von Köln und Avignon angesichts derart mißdeutbarer Aussagen entsetzt sein? – In anderen Predigten hat Eckhart sein Bild von der menschlichen Seele ergänzt, etwa so: *Ich habe zuweilen von einem Lichte gesprochen, das in der Seele ist, das ist ungeschaffen und unerschaffbar. Dieses nämliche Licht pflege ich immerzu in meinen Predigten zu berühren. Und dieses selbe Licht nimmt Gott unmittelbar, unbedeckt, entblößt auf, so wie er in sich selbst ist; und zwar ist das ein Aufnehmen im Vollzuge der Eingebärung. Da kann ich (wiederum) wahrheitsgemäß sagen, daß dieses Licht mehr Einheit mit Gott hat, als es Einheit hat mit irgendeiner (Seelen-)Kraft, mit der es doch in Seinseinheit steht... Dieser Funke widersagt allen Kreaturen und will nichts als Gott, unverhüllt, wie er in sich selbst ist... Ich sage bei der ewigen und bei der immerwährenden Wahrheit, daß es diesem Lichte nicht genügt an dem einfaltigen, stillstehenden göttlichen Sein... Es will (vielmehr) wissen, woher dieses Sein kommt, es will in den einfaltigen Grund, in die stille*

Wüste, in die nie Unterschiedenheit hineinlugte, weder Vater noch Sohn noch Heiliger Geist. In dem Innersten, wo niemand daheim ist, dort (erst) genügt es diesem Licht, und darin ist es innerlicher als in sich selbst.[155]

Wortlaute wie diese führen den Hörer und Leser an einen äußersten Grenzbereich heran. Und Louis Cognet hat sicher recht, wenn er die Einzigartigkeit der sich hier äußernden Spiritualität betont: «Sämtliche Fortsetzer Eckharts werden jedoch seine kühnen Aussagen über den göttlichen Charakter des Seelengrundes abschwächen und vor allem dessen Ausrichtung auf Gott hervorheben... So interessant diese Deutung (der Thomisten) auch ist, so dämpft sie doch stark die großartige Schau Eckharts, wonach die Menschenseele kraft ihrer geistigen Natur mit Gott vereinigt ist. Er bringt diesen Gedanken ausdrücklich mit dem Thema der ewigen Geburt der Seele in Verbindung.»[156]

Unabgesichert gegen die menschlich-allzumenschliche Aufgeblasenheit oder Verstiegenheit sind diese kühnen Sätze auch bei Eckhart nicht. Denn gerade in dieser Predigt zum Jakobus-Wort ist nachdrücklich auf die Demut als Ausdruck der inneren Wandlung verwiesen. *Wer von oben her empfangen will, der muß notwendig unten sein in rechter Demut. Und wisset in Wahrheit: Wer nicht völlig unten ist, dem wird auch nichts zuteil, und er empfängt auch nichts, wie geringfügig es auch immer nur sein möge. Hast du es irgendwie auf dich oder auf irgend etwas oder irgendwen abgesehen, so bist du nicht unten und empfängst auch nichts. Bist du aber völlig unten, so empfängst du auch völlig und vollkommen... Sieh zu, daß du dich in rechter Demut unter Gott erniedrigst und Gott in deinem Herzen und in deinem Erkennen erhebst.*[157] Zur Empfangsbereitschaft muß die Demut der Absichtslosigkeit offensichtlich hinzukommen. Es ist dieselbe Absichtslosigkeit, ohne die selbst die gut gemeinte meditative Übung oder das strengste, konsequenteste Exercitium verfälscht wird.

Hüte dich vor dir selbst

«In hoc apparuit caritas dei in nobis... Darin ist uns Gottes Liebe geoffenbart, daß er seinen Sohn in die Welt gesandt hat, auf daß wir durch ihn und mit ihm leben.» Die Quintessenz, die Meister Eckhart aus diesem Wort (I. Joh. 4,9) zieht, lautet: Durch die Herabkunft und Erscheinung Christi ist die menschliche Natur in qualitativer Weise verändert worden. *Und so ist unsere menschliche Natur unermeßlich erhöht dadurch, daß der Höchste gekommen ist und die Menschennatur an sich genommen hat... Denn Jesus Christus, mein lieber Herr, hat mir alles das zu eigen gemacht, was er in sich besitzt.*[158]

Damit ist «das Obere» dem Menschen nah und unmittelbar gegenwärtig geworden. Der Zusammenhang innerhalb des Kapitels wie auch der des Eckhartschen Gesamtwerks stellt sicher, daß er nicht der Weltverachtung oder der Kreaturfeindschaft des Wort reden will. Vielmehr möchte er die Gottverbundenheit der Menschenseele herausstellen und sagen, daß die Bindung an die Geschöpfe niemals die Einigung mit dem Schöpfer ersetzen kann. Allein daran gemessen sind Kreaturen und Engel *ein reines (bloßes) Nichts*. Das wird noch deutlicher, wenn der Prediger auch an dieser Stelle hervorhebt, wie Gott gerade in den Dingen, *in allen Dingen* empfangen und aufgenommen werden solle – eine Einsicht, die bereits der Autor der *Reden der Unterweisung* nachdrücklich betont hat: *Der Mensch soll Gott in allen Dingen ergreifen und soll sein Gemüt daran gewöhnen, Gott allzeit gegenwärtig zu haben im Gemüt und im Streben und in der Liebe...*[159]

So betrachtet gibt es letztlich nur eine Kluft und nur eine Ursache der Trennung zwischen Gott und Mensch, und das ist der Mensch selbst, insofern er durch Mangel an Demut oder durch Verweigerung der Selbsterniedrigung Barrieren errichtet. Eckharts Mahnung lautet: *Wir sind die Ursache aller unserer Hindernisse. Hüte dich vor dir selbst, so hast du wohl gehütet!*[160] Und unmittelbar voraus geht der Rat: *Bleibt allzeit in demütiger Vernichtung und Selbsterniedrigung, und es soll euch allzeit dünken, daß ihr unwürdig seid irgendeines Gutes, das euch Gott antun könnte, wenn er wollte*. Man sieht, daß diese Appelle als unerläßliches Korrektiv zu jenen überaus kühnen Sätzen über den Adel und die Würde der menschlichen Seele ernst genommen sein wollen. Nur wo das Mysterium der Geburt und der mystischen Einwohnung Gottes gegen den menschlichen Egoismus und das Besitzenwollen abgesichert ist, dürfen auch die großen Wahrworte Eckhartscher Mystik vernommen werden, in denen es andernorts heißt:

Ganz so werde ich in ihn verwandelt, daß er mich als sein Sein wirkt, (und zwar) als eines, nicht als gleiches; beim lebendigen Gotte ist es wahr, daß es da keinerlei Unterschied gibt.[161]

Und:

Manche einfältigen Leute wähnen, sie sollten Gott so sehen, als stünde er dort und sie hier. Dem ist nicht so. Gott und ich, wir sind eins. Durch das Erkennen nehme ich Gott in mich hinein; durch die Liebe hingegen gehe ich in Gott ein.[162]

Wir preisen das Sterben in Gott

Naturgemäß werden Worte der Erneuerung, der Geburt und Wiedergeburt, der Bestätigung eines inneren Adels oder Ranges gern vernommen. Eine neue Seinsweise annehmen zu dürfen, scheint leicht zu fallen. Wie steht es indes mit der Selbstpreisgabe und mit der Opferung des eigenen Lebens?

In seiner Predigt «In occisione gladii mortui sunt – daß die Märtyrer gestorben sind unter dem Schwerte» (Hebr. 11,37) kommt Eckhart auf jene zu sprechen, die das Ganzopfer ihres Lebens dargebracht haben und derer man im Namenskalender der katholischen Christenheit Tag für Tag gedenkt. Anzumerken ist nur, daß Eckhart auch auf der Kanzel nicht aufhört, ein Philosoph zu sein. Deshalb mündet gerade diese Predigt in «eine breitangelegte Seinsspekulation [ein] mit dem Ziel, die Erhabenheit des metaphysischen Seins über das irdische Leben und die Einheit von Leben und Sein im göttlichen Sein darzutun» (Josef Quint).

Der Überlieferung der alten Naturphilosophie entnimmt der Prediger die Anschauung, daß die Natur nichts zerstöre, sondern daß sie jeweils etwas anderes, Besseres an die Stelle des Vergehenden rücke. Eckhart folgert: *Wenn dies die Natur (schon) tut, so tuts Gott um so mehr: niemals zerstört er, ohne ein Besseres (dafür) zu geben. Die Märtyrer sind tot und haben ein Leben verloren, haben aber ein Sein empfangen.*[163] Der Verlust des Lebens wird keineswegs verharmlost, aber der Blick ist über den Wechsel von Tod und Leben hinweg gerichtet auf das, was über diesem Wechsel des Vergänglichen steht. *Sein* – dies hat Eckhart schon in seinem lateinischen Werk philosophisch begründet – *ist so hoch und so lauter und Gott so verwandt, daß niemand Sein veleihen kann als Gott allein in sich selbst. Gottes eigenstes Wesen ist Sein*... Daraus läßt sich die Gewißheit schöpfen: Wer dies einmal in der ganzen Tiefe und in der vollen Bedeutung des Satzes erkannt hat, der wird sich *nie wieder nur einen Augenblick* davon abkehren. *Das Geringste, das man als in Gott (seiend) erkennt, ja, erkennte man selbst nur eine Blume so, wie sie ein Sein in Gott hat, das wäre edler als die ganze Welt.* Damit ist die gesamte Schöpfung, das heißt alles Seiende, am Sein Gottes Teilhabende einbezogen. Unschwer lassen sich von daher ethische Konsequenzen für die «Ehrfurcht vor dem Leben» im Sinne Albert Schweitzers und für den Organismus Erde (nicht nur für die «Umwelt») ziehen.

Von dieser Grundlegung alles Lebendigen, Existierenden im Sein des Schöpfers her ergibt sich für Eckhart der Schluß: *Wir preisen das Sterben in Gott, auf daß er uns versetze in ein Sein, das besser ist als Leben: ein Sein, in dem unser Leben lebt, darin unser Leben ein Sein wird. Der Mensch soll sich willig in den Tod geben und sterben, auf daß ihm ein besseres Sein zuteil werde.*[164]

So besteht das Geschöpf – sei es im Leben, sei es im Sterben – in völliger Abhängigkeit von Gott als dem Seinsgrund. «Alles ist von Gott und bleibt in Gott, weil es außer Gott nichts gibt, nur Nichts gibt. Das Geschöpf hat also nur ‹geliehenes› Sein.»[165]

Die Welt aus Gott heraus verstehen

Die Totalität der Abhängigkeit alles Seienden vom Sein Gottes hat Eckhart als später Schüler Platons und des platonisierenden Kirchenvaters Augustinus immer wieder zum Ausdruck gebracht. Selbsterkenntnis und Welterkenntnis ist nur aus Gott heraus möglich, weil *im Vater die Urbilder aller Kreaturen* ihr Wesen haben. Diese Abhängigkeit ergibt sich aus der platonischen Vorstellung, nach der allem Gebildeten ein Urbildliches (Idee) zugrunde liege. «Er [Eckhart] übernahm die platonische Ideenlehre in dem Sinne, als er die Ideen in das göttliche Denken als dem Urgrund alles Geschaffenen verlegte. Das lehrte auch noch die Scholastik.»[166] Offensichtlich geht Eckhart noch über die vorgegebene theologische Tradition hinaus und gelangt so zu einer relativ freien Gestaltung seiner eigenen Gedankengänge.

In seiner Predigt über den Gruß des Engels Gabriel an Maria, die erwählte Mutter Jesu, kommt Eckhart auf diese Urbezeichnung von Urbild und Abbild zu sprechen: «Ave gratia plena – Gegrüßt seist du, voll der

Platon. Hermenbüste im Vatikan (Sala delle Muse), Rom

Gnade, der Herr ist mit dir» (Luk. 1,28). Es liegt auf der Hand, daß der Evangelientext in erster Linie die Ankündigung der Geburt des historischen Jesus zum Inhalt hat. Der Mystiker kann sich damit nicht begnügen; zum einen weil ihm entscheidend daran liegt, daß der Gottessohn in der Seele des Menschen geboren werde; zum anderen will Eckhart die Bedeutung des göttlichen Urbildes in den Vordergrund rücken. Er sagt: *Hätte Maria Gott nicht zuerst geistig geboren, er wäre nie leiblich von ihr geboren worden... Es ist Gott wertvoller, daß er geistig geboren werde von einer jeglichen Jungfrau oder (d. h.) von einer jeglichen guten Seele, als daß er von Maria leiblich geboren ward. Darunter ist zu verstehen, daß wir ein einiger Sohn sein sollen, den der Vater ewiglich geboren hat. Als der Vater alle Kreaturen gebar, da gebar er mich, und ich floß aus mit allen Kreaturen und blieb doch drinnen in dem Vater. Ganz so, wie das Wort, das ich jetzt spreche: das entspringt in mir, zum andern verweile ich bei der Vorstellung, zum dritten spreche ich es aus, und ihr alle nehmt es auf. Dennoch bleibt es im eigentlichen Sinne in mir. So auch bin ich im Vater geblieben.*[167] Bei diesem Wort deutet der Prediger auf die hölzerne Kanzel, von der herab er zu seiner Gemeinde spricht, und fährt fort: *Im Vater sind die Urbilder aller Kreaturen. Dieses (Kanzel-)Holz hier hat ein geistiges Urbild in Gott. Dieses ist nicht nur vernunfthaltig, sondern es ist reine Vernunft.*

Weil das Weltliche noch mehr als *vernunfthaltig* ist, weil vor allem der irdischen Geburt die Geistgeburt «von oben her» als das Eigentliche dem Irdischen vorangeht, deshalb ist die Welt nur aus Gott heraus zu verstehen. Das gilt für die Schöpfung wie für die Erlösung.

Von der Armut des Geistes

Zu den Predigtthemen Eckharts gehört – ähnlich wie das von der *Abgeschiedenheit* – das Thema der Armut. Auch damit stellt er sich in eine große Tradition hinein. Man denke nur an die mittelalterliche Armutsbewegung mit dem glühenden Liebhaber der «donna povertà», der Frau Armut, Franz von Assisi an der Spitze der ganzen Bewegung. Dabei sind äußere und innere Armut miteinander verknüpft. Eng damit verbunden ist ebenfalls der zentrale Eckhartsche Begriff des Geistlichen (im Sinne von «geistlich gesinnt», mit dem göttlichen Pneuma, dem heiligen Geist als Lebensmacht erfüllt sein, gemäß Gal. 5,25; 6,1). Gemeint ist also nicht der heute übliche, jedoch kaum sachgemäße Sprachgebrauch, «Geistlicher» als Synonym für den beamteten Theologen bzw. Priester. Eckhart ist viel konkreter. Er faßt die existentielle Haltung des aus dem Geist lebenden Menschen in den Blick, denn: *das bloße Wesen (bzw. Sein) Gottes ist das bloße Wesen des Geistes.*[168]

Der vielgebrauchte Eckhartsche Terminus *Abgeschiedenheit* entspricht diesem Geistlichen ebenso wie der geistlichen Armut.

Franziskus schenkt seinen Mantel einem Armen. Fresko von Giotto, um 1300 (Assisi, Basilica Superiore)

Für Eckhart ist diese Armut ein radikales Leersein, das – wenngleich absichtsfrei – stets auf die Fülle des göttlichen Lebens ausgerichtet bleibt. Somit ist Armut die Weise des Empfänglichseins für die Fülle des Geistes, die allein Gott «von oben her» gibt, die aber nie von der Kreatur erwartet werden darf.[169]

Die Seligkeit – das ist Christus – *tat ihren Mund der Weisheit auf und sprach: «Selig sind die Armen im Geiste, das Himmelreich ist ihrer.»* Mit diesen Worten beginnt die Predigt, die der ersten Seligpreisung aus der Bergpredigt Jesu (Matth. 5,3; Beati pauperes spiritu, quia ipsorum est regnum coelorum) gewidmet ist. Die grundlose Weisheit Gottes hat die Armen im Geiste selig gepriesen. Nun hat es mit dieser Predigt von der Armut eine besondere Bewandtnis. Als man auf Eckharts Rechtferti-

Aus der sogenannten Rechtfertigungsschrift des Meisters Eckhart

gungsschrift stieß, die im Stadtarchiv von Soest gefunden wurde, entdeckte man auf einem unteren Seitenrand des Manuskripts einen lateinischen Text, von dem man vermutete, daß er von Eckharts Hand stammt. Darin heißt es: *Unmöglich ist, daß ein wahrer Armer ohne Gott sein kann. Und dies, weil die wahre Armut nicht nur wegwirft, was sie hat, sondern auch schlechterdings den Willen (etwas) zu haben. Sie hat einzig den Willen zum alleinigen Gott in sich, nicht zu etwas anderem überhaupt.*[170]

Auch wenn man offen lassen muß, ob uns hier tatsächlich ein authentischer Text aus Eckharts eigener Hand vorliegt, so mag es sich immerhin um einen Entwurf oder um eine Skizze zu einer Predigt handeln. Vieles spricht dafür, daß wir in der Armutspredigt eine der letzten Predigten Eckharts vor uns haben. Im Frühjahr 1327 trat Meister Eckhart seine Reise nach Avignon an, um sich nach der Kölner Anklage auch noch vor dem päpstlichen Ketzergericht zu verantworten. «Daß Eckhart als Angeklagter noch predigte, ist für den 13. Februar 1327 bezeugt. Dieser zeitliche Ansatz von ‹Beati pauperes spiritu› wird wenigstens indirekt durch die Tatsache bestätigt, daß sie nicht zum ‹Material› der Kölner Inquisition gehörte. Da Eckhart in dieser Predigt zu den kühnsten Folgerungen und Formulierungen seiner Abgeschiedenheits-Spiritualität gelangt, wäre sie mit Bestimmtheit der Zensur nicht entgangen. Daraus darf geschlossen werden, daß es sie im Stadium der Materialrecherchen seitens der Inquisitoren noch nicht gegeben hat.»[171]

Wenden wir uns dem Predigttext[172] zu. Die äußere Armut eines religiösen Menschen achtet Eckhart keineswegs gering, sofern der betreffende sie in freier Entscheidung und im Blick auf die Armut Christi auf sich genommen hat. Der Mönch denkt offensichtlich an das Gelübde, das er einst selbst ablegte, als er sich in jungen Jahren für diesen Weg der Christusnachfolge verpflichtete. Eigentlicher Gegenstand seiner Predigt aber ist die innere, die im Spirituellen gründende Armut: *Das ist ein armer Mensch, der nichts will und nichts weiß und nichts hat.* Frei zu sein von der Herrschaft des Eigenwillens, vom Stolz großer Wissensfülle und vom Modus des Habens – das sind die drei Punkte, durch die diese Predigt ihre Struktur und ihr Gepräge bekommt. Meister Eckhart verschärft seine These: *Solange ihr den Willen habt, den Willen Gottes zu erfüllen, und Verlangen habt nach der Ewigkeit und nach Gott, solange seid ihr nicht richtig arm. Denn nur das ist ein armer Mensch, der nichts will und nichts begehrt.*[173]

Derselbe Eckhart, der so eindringlich und hingebungsvoll von der Abhängigkeit des Menschen und von der Demut zu reden versteht, schwingt sich hier auf, den *so hohen Seinsrang* zu rühmen, den selbst die geringste Kreatur in Gott habe. Gemeint ist die Teilhabe am Sein, von der bereits gesprochen wurde. Derselbe Eckhart bringt es fertig, Gott zu bitten, *daß wir «Gottes» ledig werden und daß wir die Wahrheit dort erfassen und ewiglich genießen, wo die obersten Engel und die Fliege und die Seele gleich sind*[174]. Das ist der Ort bzw. der Seinsstatus, in dem der Mensch frei ist von allem Begehren, frei von jeglichem Wollen. Und eben dies erscheint dem Prediger als die erste Weise geistlicher Armut, an der ihm so sehr gelegen ist.

Die zweite Weise geistlicher Armut, das Nichtwissen, besagt, *daß der*

Die Erschaffung der Gestirne. Aus Meister Bertrams Hochaltar von Sankt Petri in Hamburg, um 1380

Mensch so leben sollte, daß er weder sich selber noch der Wahrheit noch Gott lebe... Der Mensch, der diese Armut haben soll, der muß so leben, daß er nicht (einmal) weiß, daß er weder sich selber noch der Wahrheit noch Gott lebe. Er muß vielmehr so ledig sein alles Wissens, daß er nicht wisse noch erkenne noch empfinde, daß Gott in ihm lebt, – mehr noch: er soll ledig sein alles Erkennens, das in ihm lebt.[175] Verwundern müssen diese Sätze immerhin, erinnert man sich, wie hoch der Pariser Magister einst das Erkennen eingeschätzt hat. Distanziert er sich jetzt von seinen einstigen Überzeugungen? Wohl kaum, aber es ist die große Streitfrage der Philosophen und Theologen seiner Zeit, ob der Erkenntnis (gnosis) oder der Liebe (agape) der Vorrang zu geben sei. Seiner Überzeugung nach trifft diese Alternative nicht das Wesentliche. Seligkeit bedarf einer anderen Begründung. Dabei verweist er auf das auch andernorts besprochene *Etwas in der Seele, aus dem Erkenntnis und Liebe fließen... So quitt und ledig also sage ich, soll der Mensch stehen, daß er nicht wisse noch erkenne, daß Gott in ihm wirke, und so kann der Mensch Armut besitzen.*[176]

Der Prediger wendet sich alsdann dem dritten Punkt seiner Rede zu: Ein geistlich armer Mensch hat nichts. Offensichtlich ist dieses Nicht-Haben mit der äußerlichen Nachahmung der apostolischen Armut nicht identisch. Als ein dem Armutsgelübde unterworfener Ordensmann setzt Eckhart tiefer an. *Aller Dinge ledig stehen* ist wohl eine achtenswerte Tugend, die auch er nicht herabwürdigen will. Aber Armut im Geiste ist es erst, *wenn der Mensch so ledig Gottes und aller seiner Werke steht, daß Gott, dafern er in der Seele wirken wolle, jeweils selbst die Stätte sei, darin er wirken will...* Hier ist anzumerken, daß einige Sätze nicht zuverlässig überliefert sind. «Offensichtlich hat der nicht nur schwierige, sondern erschreckend kühne Text die Schreiber zu Mißverständnissen und Korrektureingriffen veranlaßt... Was Eckhart jedoch sagen will, wird aus dem ganzen Zusammenhang heraus klar: Das Freisein von allen inneren und äußeren Werken, was so viel bedeutet, daß Gott in dieser Leere eine Stätte seines Wirkens finden könnte, ist nicht das Höchste und Letzte geistlicher Armut, sondern erst die Überantwortung allen Wirkens an Gott, der in sich selbst wirkt und in ihm das menschliche Ich in seiner ursprünglichen Wesenheit.»[177]

Eckharts Formel und Forderung, *Gottes ledig werden* zu sollen, ist gewiß dazu angetan, da und dort Verwirrung zu stiften, freilich nur bei unaufmerksamem Hinhören. Natürlich stimmt der Mystiker nicht irgendeiner Form des Atheismus zu. Vielmehr unterscheidet er klar zwischen *Gott* und *Gottheit*. Diese Unterscheidung muß auch in unserer Predigt vorausgesetzt werden. Gott und Gottheit verhalten sich zueinander wie der offenbare (deus revelatus) und der verborgene Gott (deus absconditus). Über das Wechselverhältnis beider hat sich Eckhart in der Predigt *Nolite timere eos* gründlich ausgesprochen. Da heißt es, von Gott (im landläufigen Sinne) könne nur dort gesprochen werden, *wo alle Kreaturen Gott aussprechen,* eben wo Gott als der aus seiner Dunkelheit heraustretende offenbare Gott in Erscheinung tritt. Dagegen: *Alles das, was in der Gottheit ist, das ist Eins, und davon kann man nicht reden. Gott wirkt, die Gottheit wirkt nicht, sie hat auch nichts zu wirken, in ihr ist kein Werk; sie hat niemals nach einem Werke ausgelugt. Gott und Gottheit sind unterschieden durch Wirken und Nichtwirken.*[178]

Was heißt demnach *Gottes ledig werden*? Es heißt, in der Weise «arm» werden, daß man auf die herkömmlichen Gottesbilder bzw. Gottesvorstellungen verzichten kann und zur bloßen Gottheit durchbricht, in der alles Sein seinen Urstand hat, von dem es seinen *Ausfluß* nimmt. Dieses Zurückkommen ist für Eckhart das entscheidende Ereignis. Daher seine Schlußfolgerung: *Wenn ich zurückkomme in «Gott» und (dann) dort* (d. h. bei «Gott») *nicht stehen bleibe, so ist mein Durchbrechen viel edler als mein Ausfluß.*[179]

So kann das Ziel und das – im obigen Sinne «willensfreie» – Streben letztlich nur darin bestehen, durch Entäußerung alles Vorläufigen, Uneigentlichen, Vergänglichen arm zu werden und in die totale Abgeschiedenheit einzutreten. Für Eckhart ist klar, daß dies nicht auf einem gemächlich voranschreitenden Weg geschehen könne, so wichtig die Metapher «Weg» für sehr viele Mystiker ist. Es handelt sich vielmehr um einen kühnen *Aufschwung* und um ein mutiges *Durchbrechen* ins Ledigsein des Menschen. Dies macht seine Armut im Geiste aus, eine Armut, die jedoch höchstmögliche Fülle verbürgt, *denn mir wird in diesem Durchbrechen zuteil, daß ich und Gott eins sind. Da bin ich, was ich war, und da nehme ich weder ab noch zu, denn ich bin da eine unbewegliche Ursache, die alle Dinge bewegt. Allhier findet Gott keine Stätte mehr in dem Menschen, denn der Mensch erringt mit dieser Armut, was er ewig gewesen ist und immerfort bleiben wird.* Mit dieser mystischen Rückkehr in die Ungeborenheit schließt sich der Kreis der ursprünglichen wie der zukünftigen Gottverbundenheit. Es ist eben die Verbundenheit mit der Gottheit als dem Gott *oberhalb von Gott.*

Darauf zielen die abschließenden Sätze der Armutspredigt Meister Eckharts, die schon auf die Mit- und unmittelbare Nachwelt einen starken Eindruck gemacht haben muß. Denn mit dreizehn Textzeugen gehört sie «zu den am breitesten überlieferten» (Kurt Ruh). Als solche wurde sie häufiger als jeder andere Predigttext des Dominikaners zitiert, unter anderen durch den niederländischen Mystiker Jan van Ruusbroec in seinem Büchlein «Von den zwölf Beginen»[180], etwa ein Menschenalter nach Eckhart. Ob der Mystiker den Mystiker richtig verstanden hat, steht auf einem anderen Blatt, denn Ruusbroec und sein Groenendaaler Mitbruder Jan van Leeuwen wenden sich gegen die Irrlehrer und «freien Geister» ihrer Zeit, teils anonym, teils unter Nennung von Eckharts Namen.

Der solchermaßen Umstrittene, von seiner Kirche Verurteilte kann gerade auf Grund dieser Armutspredigt alle Angriffe mit großer Gelassenheit auf sich nehmen. Macht doch gerade sie deutlich, von welcher Position her und auf welches Ziel hin er spricht, wenn er sagt: *Darum bitte ich Gott, daß er mich Gottes quitt mache; denn mein wesentliches Sein ist oberhalb von Gott, sofern wir Gott als Beginn der Kreaturen fassen. In jenem Sein Gottes nämlich, wo Gott über allem Sein und über aller Unterschiedenheit ist, dort war ich selber, da wollte ich mich selber und erkannte mich selber (willens), diesen Menschen* (d. h. mich) *zu schaffen. Und darum bin ich Ursache meiner selbst meinem Sein nach, das ewig ist, nicht aber mei-*

Jan van Ruusbroec

nem Werden nach, das zeitlich ist. Und darum bin ich ungeboren, und nach der Weise meiner Ungeborenheit kann ich niemals sterben.

Soweit die Positionsbestimmung des Menschen, der vor die Zeit seiner irdischen Existenz zurückfragt, noch vor alle Kreatürlichkeit und Sterblichkeit zurück (bzw. voraus), dorthin, wo die Gottebenbildlichkeit als Urbild des Menschen mit Gott *eins* ist. Nun aber die Richtung zielwärts, über die Begrenzungen des Kreatürlichen hinaus! Eckhart gibt einem *großen Meister* recht, der gesagt hat, daß sein Durchbrechen durch das Zeitliche edler sei als sein Ausfließen aus dem Vor- bzw. Überzeitlichen; und er fährt fort: *Als ich aus Gott floß, da sprachen alle Dinge: Gott ist. Dies aber kann mich nicht selig machen, denn hierbei erkenne ich mich als Kreatur. In dem Durchbrechen aber, wo ich ledig stehe meines eigenen Willens und des Willens Gottes und aller seiner Werke und Gottes selber, da bin ich über allen Kreaturen und bin weder «Gott» noch Kreatur, bin vielmehr, was ich war und was ich bleiben werde jetzt und immerfort. Da empfange ich einen Aufschwung, der mich bringen soll über alle Engel. In diesem Aufschwung empfange ich so großen Reichtum, daß Gott mir nicht*

Jakob Böhme. Anonymes zeitgenössisches Gemälde

genug sein kann mit allem dem, was er als «Gott» ist, und mit allen seinen göttlichen Werken . . .[181]

Nach all diesen bis zu den letzten Fragen vorstoßenden Sätzen muß sich der Prediger fragen, ob auch seinen Zuhörern dieser Aufschwung und Durchbruch zum Ewigen hin gelinge, damit sie verstehen, welche Armut des Geistes eigentlich gemeint sei. Eckhart stellt sich selbst diese Frage, und er beantwortet sie auch. Er weiß, wie wenig es nützt, wenn man sich krampfhaft um ein Verstehen bemüht, das der spirituellen Qualität und dem geistlichen Rang dieses großen Themas nicht angemessen ist, weil das Endliche das Unendliche, Ewige nicht zu erfassen vermag. Aber es gibt eine Geistunmittelbarkeit, die *aus dem Herzen Gottes* kommt. Ihrer gewiß schließt Meister Eckhart diese überaus bedeutsame Predigt: *Solange der Mensch dieser Wahrheit nicht gleicht, solange wird er diese Rede nicht verstehen. Denn es ist eine unverhüllte Wahrheit, die da gekommen ist aus dem Herzen Gottes unmittelbar. – Daß wir so leben mögen, daß wir es erfahren, dazu helfe uns Gott. Amen.*[182]

Auf den ersten Blick mutet dieser Beschluß widersprüchlich an. Müßte die *unverhüllte Wahrheit* nicht einsehbar sein, im Gegensatz zur verhüllten? Doch es handelt sich um eine scheinbare Paradoxie. Denn, um im Gedankenzusammenhang Eckharts zu bleiben, ist der sich offenbarende «Gott» ein Gott, der seine Wahrheit mit dem Schleier des Kreatürlichen umgeben hat. Als Kreatur vermag der Mensch die der Schöpfung dieses Gottes abzulesenden Signaturen sehr wohl zu verstehen. Darauf basiert die mittelalterliche Naturphilosophie, an der noch Paracelsus und Jakob Böhme teilhaben.[183] Doch es handelt sich dabei um eine relative, eben auf die Schöpfung bezogene Wahrheit. Es ist die Wahrheit, die die Kreatur begreift, sofern sie ihr gleicht. – Ganz anders die *unverhüllte Wahrheit*, die des Schleiers äußerer Analogien entbehrt, also auch der Signaturen oder Merkzeichen, die der Schöpfung eingeprägt sind. Der Unmittelbarkeit jener übergeschöpflichen Wahrheit der *Gottheit* ist der Mensch als Geschöpf nicht gewachsen. Als ein Sterblicher vermag er ihr nicht standzuhalten. Immer wieder bezeugen es die Gotterfahrenden, die unter der Wucht des «Ganz Anderen» zerbrechen. Sie erleben diesen Gott (deus absconditus) als den Heiligen im Mysterium tremendum.[184] Dennoch muß Meister Eckhart angesichts dieser Wahrheit *aus dem Herzen Gottes unmittelbar* keinen Erkenntnisverzicht leisten, insofern er nämlich nicht nur vergängliche Kreatur ist, sondern am Sein und an der Gottebenbildlichkeit teilhat. Und dieses Sein verbürgt die «Gleichheit» mit der Wahrheit, die als *unverhüllte Wahrheit* aus der Gottheit hervorbricht. Als deren Zeuge steht der Prediger vor uns.

Zur Rezeptions- und Wirkungsgeschichte

Die Frage, wie Eckhart rezipiert worden ist, wie er aufgenommen wurde, welche Wirkung er auf seine Mit- und Nachwelt ausgeübt hat, wird zu einem Teil schon durch sein Schicksal beantwortet. Nur deshalb war den Inquisitoren und Anklägern so sehr daran gelegen, den Prediger durch offizielle Verketzerung auszuschalten, weil sein Wort von den Zuhörern mit großer Zustimmung aufgenommen, ja sogar in Predigtnachschriften festgehalten wurde. «Er ist ein guter Meister, der zu reden versteht»; so faßt ein zeitgenössisches Zeugnis den Eindruck bündig zusammen, den Eckhart erweckte. Auf einem anderen Blatt steht, ob er an den entscheidenden Stellen seiner Predigten verstanden worden ist. Es sind uns unter anderem einige kurze Gedichte überliefert, in denen Zuhörer, vermutlich Nonnen, ihre Meinung so zusammenfassen:

Der wise meister Hechard
Wil uns von nihte san;
Der das niht enverstat,
Der mag es gote clan;
In den hat niht gelûchtet
Der godeliche schin!
  Scheidet abe gar,
  Nement godes in ûch war,
  Senkent ûch in synekeit,
  So werdent irs gemeit.

(Der erfahrene Meister Eckhart will uns vom Nichts reden. Wer das nicht versteht, der soll es Gott klagen: In den hat nicht der göttliche Glanz geleuchtet. – Scheidet euch völlig ab, nehmt Gott in euch wahr, senkt euch in eure Vernunft, so werdet ihr glücklich darüber.[185])

Mithin enthält der Spruch beides, das Eingeständnis des Nichtverstehens, das letztlich einem Mangel an göttlicher Erleuchtung entspringt, und die Einsicht, wie wichtig die *Abgeschiedenheit* ist, wenn Freude im Sinne des Evangeliums in den Menschen einziehen soll. In einem anderen Gedicht heißt es:

Maister egghart sprichet von wesen blosz.
Er sprichet ein einiges wörtlin, das selb ist formloz.
Das ist sein selbes sin; im gat weder zuo nach abe.
Es ist ein guter Maister, der da sprechen chan.

(Meister Eckhart spricht vom reinen Sein; er sagt ein einziges Wörtchen, das formlos ist. Es ist sein eigenes Sein, dem weder etwas hinzunoch abgeht. Es ist ein guter Meister, der zu reden versteht.[186])

Allein schon die Tatsache, daß Predigten zum Gegenstand von Versen gemacht werden, unterstreicht, daß das Gehörte und Notierte als bedeutsam erachtet worden ist. So besteht kein Zweifel, welchen starken Einfluß der Dominikaner-Pater auf seine Zuhörer(innen) ausgeübt hat. In einigen Fällen kennen wir die Namen der Hörerinnen. Es sind unter ihnen Ordensfrauen aus dem oberdeutschen bzw. schweizerischen Raum, also aus der Zeit seiner Straßburger Wirksamkeit, nämlich Anna von Ramschwag aus dem Kloster Katharinental, Elsbeth von Beckenhofen sowie Elsbeth von Oye aus dem Zürcher Kloster Oetenbach. Diese Nonnen erlebten Eckhart offensichtlich nicht nur als Prediger, sondern auch als Beichtvater und als Seelenführer. Er muß ihnen beigestanden haben, als sie mit ihren inneren Erfahrungen und Bedrängnissen nicht fertig wurden. «So berichtet Anna dem Meister von drei Erfahrungen, deren Sinn sie von ihm erfährt: die erste betrifft ihre Ohnmacht, die sie bei der Betrachtung von Christi Marterung überkam; die zweite die Erhebung zur Gewalt über Himmel und Erde bei Versenkung in ein Gemälde vom auferstandenen Herrn; die dritte bezieht sich auf einen Frühlingstag, an dem sie angesichts der blühenden Bäume verzückt wurde und schaute, wie alle Dinge aus Gott ausgeflossen sind und von ihm Leben und Kraft bekommen. Schwester Elsbeth von Beckenhofen empfängt innere Leiden, über die sie keine nähere Auskunft geben kann, deren Gewalt ihr Meister Eckhart durch sein Geheiß, sie möge alles ‹in einer freien gelassenheit gottes treuen› befehlen, erträglich macht.»[187] Derlei seelische bzw. religiöse Probleme setzen die Qualitäten eines Seelenführers voraus, der einerseits über das erforderliche Einfühlungsvermögen in die überaus sensible weibliche Psyche kontemplierender bzw. visionärer Ordensfrauen verfügt, der andererseits aber auch nüchtern und distanziert jenen Phänomenen gegenüberzutreten vermag. Dennoch muß Eckharts Wirkung auf seine Zeitgenossen «in einer irritierenden Mischung von tiefstem Angesprochensein und gleichzeitigem Nichtverstehen» gesehen werden. «Den Meister angemessen zu verstehen, verlangt eine Einweihung und eigentliche Illumination von seiten Gottes.»[188]

Das Bestreben der Mystiker und «Gottesfreunde», nur ja nicht mit den zeitgenössischen, als häretisch verrufenen «Brüdern und Schwestern vom freien Geiste» verwechselt zu werden, hat manchen Zeitgenossen und unmittelbaren Nachfahren Meister Eckhart gegenüber Zurückhaltung

Nikolaus von Kues. Grabmal in San Pietro in Vincoli, Rom

üben lassen. In seinem Büchlein «Von den zwölf Beginen» grenzt sich Jan van Ruusbroec (1293–1381) gegen «falsche Propheten» ab. Entsprechendes findet sich auch in seiner berühmten «Zierde der geistlichen Hochzeit» (Kap. 76). Eckhart wird zwar nicht genannt, doch ließe sich manche Äußerung als Argument gegen ihn verwenden. Jan van Leeuwen, «der gute Koch», einer der Mitbrüder Ruusbroecs im Groenendaler Augustiner-Eremiten-Kloster, macht aus seinen Aversionen gegen diesen «gescheitesten und subtilen Geist», der nach Jans Meinung aber der übernatürlichen Gnade entbehre, keinen Hehl. In seiner Schrift «Büchlein von Meister Eckharts Lehre und deren Widerlegung» (um 1355) wettert er gegen den Meister. Zielscheibe seiner Angriffe ist im besonderen die Armutspredigt (*Beati pauperes spiritu*[189]), ein Text, der offensichtlich mehrfache Beachtung gefunden hat; in nachreformatorischer Zeit nimmt der Zschopauer Pfarrer Valentin Weigel, ein Lutheraner, auf diese Predigt Bezug, und zwar mit Nennung Eckharts.[190] Anderen schien es opportun, den durch die kirchliche Inquisition Verurteilten mit Schweigen zu übergehen.

Hatte man auch die Nennung seines Namens zu vermeiden gesucht, seine Predigten und Traktate machten die Runde. Anonym oder unter fremdem Namen fanden sie Verbreitung und wurden auf diese Weise der Nachwelt überliefert. Vor allem war es Eckhart, der (nach Meinung vieler) der Frömmigkeitsbewegung der deutschen Mystik den Namen gab, als sei die in deutscher Sprache artikulierte Spiritualität vornehmlich mit seiner Person und mit seiner geistigen Hinterlassenschaft verbunden. Alois Dempf bemerkt im Blick auf die Sprachbegabung des zum Volk sprechenden Meisters: «Zwei Dinge von unermeßlichem Wert sind diesen deutschen Predigten für immer, ganz abgesehen vom mystischen und metaphysischen Gehalt, zu danken: daß nämlich durch sie erst die deutsche Sprache die männliche Reife erhalten hat, mit vollster Kraft und Klarheit das Übersinnliche auszudrücken, und die Schaffung einer deutschen philosophischen und theologischen Kunstsprache, die durch sie erst vollendet worden ist, aber auch heute immer noch nicht genügend ausgenützt wird. Und diese Wirkung haben die deutschen Predigten trotz ihres schlechten Erhaltungszustandes vollbracht.»[191]

Freilich war es dem Eckhartschen Schrifttum bestimmt, für länger als ein halbes Jahrtausend in den Katakomben der klösterlichen Bibliotheken und Archive zu verschwinden. Während die Schüler Heinrich Seuse, vor allem aber Johannes Tauler viel genannt und viel gelesen wurden, überging man den Meister. Doch gibt es in den Zeiten des Verschweigens seltene Ausnahmen des Erkennens und Bekennens, allen voran der große Cusanus. Nikolaus von Kues (1401–64), der in jungen Jahren im niederländischen Deventer mit der mystischen Frömmigkeit der «Brüder vom gemeinsamen Leben» bekannt wurde und unter anderem in Köln seine philosophisch-theologischen Studien förderte, ließ sich als vielseitiger Gelehrter und Bücherliebhaber große Teile aus dem Eckhartschen Werk abschreiben. Er hatte dessen Einzigartigkeit erkannt. Von ihm als dem «magister Eckhardus» ließ er sich inspirieren. Die Forschung hat herausgefunden, daß sich eine solche Beeinflussung über zwei volle Jahrzehnte (1439–59) erstreckte, auch wenn Nikolaus den Meister nur an zwei Stellen seines Werks nennt, nämlich in der «Apologia doctae ignorantiae» und in einer im Jahre 1456 in Brixen gehaltenen Epiphanias-Predigt. Unbestritten ist, wie intensiv der Philosoph, der weitgereiste päpstliche Legat, Bischof und Kardinal den Dominikaner studiert hat, jedoch ohne ihn enthusiastisch zu imitieren und ohne eine Popularisierung der Eckhartschen Gedanken zu empfehlen. Wichtig wurden ihm vor allem dessen Gottesbegriff sowie dessen Tugendlehre. Mit Josef Koch spricht man von einer «kongenialen Begegnung» zwischen den beiden Männern.[192]

Der weitere, an Eckhart orientierte Fortgang mystischer Frömmigkeit hat sich in der Folgezeit als eine verborgene Unterströmung entwickelt.

Zu denken ist an die Weitergabe der lateinischen und deuschen Eckhart-Schriften durch die Kartäuser. Der von Bruno von Köln 1084 im Tal von La Chartreuse (Carthusia) bei Grenoble gegründete Einsiedlerorden war durch die Pflege eines Lebens in stiller Beschaulichkeit für Eckhart geradezu prädestiniert, das heißt sie lasen seine Schriften und gaben sie weiter. Die erwähnten «Brüder vom gemeinsamen Leben» in der sogenannten Devotio Moderna (moderne Frömmigkeit) mit Geert Groote und dem durch die «Nachfolge Christi» weithin bekannt gewordenen Thomas a Kempis[193] standen, gleich dem Kusaner, in enger Verbindung mit den Kartäusern.

Dann versickern die Rinnsale eckhartisch-dominikanischer Mystik, um sich – so könnte man bildlich gesprochen sagen – im Untergrund der Geschichte zu sammeln und von neuem wirkungsvoll an die Oberfläche zu treten. Daß Eckhartscher Geist in Untergründen da ist, zeigen beispielsweise die Vertreter eines reformatorisch-nachreformatorischen Spiritualismus. Zu verweisen ist auf die Tatsache, daß der von Adam Petri veranstaltete Baseler Tauler-Druck von 1521/22 auch Predigten Eckharts enthält, die als Anregungen für Tauler gewürdigt werden, obwohl sie der Herausgeber als schwer verständlich ansieht.[194] Wenige Jahre zuvor hatte Martin Luther (1516 und 1518) die anonyme Mystiker-Schrift, die Frankfurter «Theologia Deutsch»[195] veröffentlicht und auf diese Weise der Nachwelt bekannt gemacht. Wenn hier auch die Spuren Eckharts ausgelöscht scheinen, und zwar in deutlicher Ablehnung «freier Geister», so meinte der erste Herausgeber in diesem «Frankfurter» die Stimme Taulers «vom Predigerorden» zu vernehmen, also die eines prominenten Eckhart-Schülers. Eckharts Gedankengut beginnt schließlich immer wieder dort durchzusickern, wo mystische Frömmigkeit im Protestantismus auflebt, etwa bei Valentin Weigel, Jakob Böhme und in dessen Umkreis, wo lutherische Frömmigkeit, paracelsisch-pansophische Naturschau, kabbalistische und christliche Mystik zur Schmelze kommen.[196]

Seine eigentliche Auferstehung und Wiederentdeckung sollte Eckhart erst im frühen 19. Jahrhundert, im Zeitalter des deutschen Idealismus und vor allem der Romantik erleben. Diese Wiederentdeckung verbindet sich vor allem mit den Namen von Franz von Baader, sodann von J. G. Fichte, G. W. F. Hegel, Karl Rosenkranz, Joseph Görres; Arthur Schopenhauer und Friedrich Nietzsche, der sich gelegentlich auf den großen Dominikaner beruft, kommen später hinzu. Eckhart avanciert zum «Meister der deutschen Spekulation» (J. Bach, 1864). Dieser einigermaßen zweifelhafte Ruhm, der späteren Mißdeutungen Vorschub geleistet hat, ist nur insofern verständlich, als zuverlässige und umfassende Textausgaben vor der Jahrhundertmitte noch nicht vorlagen. Die lateinischen Schriften sowie die Texte zum Eckhart-Prozeß waren noch unbekannt. Eckhart konnte als ein literarischer Steinbruch ausgebeutet werden, in dem man immer wieder auf faszinierende Ideenbruchstücke stößt. Welche Begei-

Dit is een ſchoē boecxkē
eñ is ghehetē (Qui ſequit me) eñ met
ten anderē driē boecxkēs nv nieuwe
gheprinten eñ neerſtelic ghecorrigeert

Qui ſequitur me nō ambulat in tene
bris dicit dominus.

Die mi na volcht en wandert niet in
duyſterniſſe ſeit die here.

Christus als Salvator Mundi. Titelblatt von Thomas a Kempis «Über die Nachfolge Christi». Ausgabe Antwerpen 1505

sterung die Wiederbegegnung mit dem Mystiker des Mittelalters auslösen konnte, entnehmen wir einem Bericht des Baader-Schülers Franz Hoffmann. Dieser nachmalige Mitherausgeber der sechzehnbändigen Werkausgabe seines Lehrers weiß von einem Gespräch zu berichten, das er am 22. April 1841, kurz vor Baaders Tod, gehabt habe: «Hierauf brachte ich Baader auf Meister Eckhart, indem ich erzählte, daß einer meiner Freunde, Dr. Pfeiffer[197], dessen Werke zu sammeln und herauszugeben gesonnen sei ... Baader versetzte: ‹Ich war mit Hegel in Berlin sehr häufig zusammen. Einstens (1842) las ich ihm nun auch aus Meister Eckhart vor, den er nur dem Namen nach kannte. Er war so begeistert, daß er den folgenden Tag eine ganze Vorlesung über Eckhart vor mir hielt und am Ende noch sagte: Da haben wir es ja, was wir wollen. Ich sage Ihnen›, fuhr Baader weiter fort, ‹Eckhart wird mit Recht der Meister genannt. Er übertrifft alle Mystiker... Ich danke Gott, daß er mich in den philosophischen Wirren mit ihm hat bekannt werden lassen. Das hoffärtige alberne Affengeschrei gegen die Mystik konnte mich nun nicht mehr irre machen, und es war mir hiemit möglich, auch auf Jakob Böhme zu kommen.›»[198] Baader pflegte sich übrigens als «Boehmius redivivus» zu bezeichnen. Er hat dem Görlitzer Meister ausführliche Interpretationen gewidmet.

Andererseits ist auf die unhistorische Vereinheitlichung der Mystik aufmerksam zu machen, die die idealistischen Philosophen, Eckhart nach ihrem Bild abwandelnd, vorgenommen haben. Der Marburger Kirchenhistoriker und Böhme-Kenner Ernst Benz bemerkt hierzu: «Mit einem kühnen Griff werden die verschiedenen mystischen Systeme eines Eckhart, eines Tauler, eines Böhme, Paracelsus und Oetinger auf einen einzigen Nenner gebracht, was nicht ohne verwegene Umdeutungen und pro-

Franz von Baader

duktive Mißverständnisse vor sich geht. Vor allem die Angleichung der Eckhartschen an die Böhmesche Mystik bedürfte einer besonderen Untersuchung...»[199]

Verfolgen wir den Gang der Eckhart-Rezeption weiter, dann ist das Resultat der durch Hoffmann erwähnten Sammlertätigkeit Franz Pfeiffers hervorzuheben. Er konnte 1857 seine Ausgabe der deutschen Werke Eckharts vorlegen. Sie enthält neben den Traktaten und Sprüchen die stattliche Zahl von 110 Predigten. Die Echtheitsfrage der sehr unterschiedlichen Texte mußte offen bleiben. – Zwischen 1874 und 1893 ließ Wilhelm Preger seine «Geschichte der deutschen Mystik im Mittelalter» in drei Bänden erscheinen. Den Terminus «deutsche Mystik» hatte bereits Karl Rosenkranz, der in Königsberg lehrende Hegel-Schüler, 1831 geprägt und wie folgt definiert: «Der Begriff faßt hier die mystische Spekulation des Meister Eckhart und seines Kreises als Anfangsstadium der Entwicklung des ‹deutschen Geistes›, die in der universellen Wissenschaft Hegels ihre Vollendung – ‹Synthesis› – erstiegen hätte.»[200]

Die Betonung des Deutschen bzw. des Deutschtums im 19. Jahrhundert sollte den «Erz- und Stammvater der deutschen Philosophie» einer fragwürdig-anrüchigen Deutschtümelei zuführen. Preger, der sich um einen geschichtsbewußteren Umgang mit den Texten bemühte, war in mancher Hinsicht dennoch ähnlichen Anschauungen verhaftet, wenn er schrieb: «Die mystische Theologie in Deutschland bricht wie den Bann der scholastischen Formen so auch den der lateinischen Sprache. Wie die praktische Mystik, seit sie auf deutschem Boden entsteht, nicht als Ausnahmeerscheinung gelten will, sondern als das von allen zu erstrebende vollkommene Leben, so mutet auch jetzt die mystische Theologie ihre Wege und Erkenntnisse den weitesten Kreisen des Volkes zu... Die deutsche Mystik popularisiert ihr Thema, sie redet deutsch und findet bei der sinnigen Richtung des deutschen Gemüts auch im Laienstande weithin Verständnis und Pflege.»[201] Mit einem Wort: Man war drauf und dran, Eckhartsches Denken mit «deutscher Theologie» gleichzusetzen, eine Entwicklung, die sich bereits – cum grano salis – bei Martin Luther anbahnt, wenn man nachliest, welche rühmenden Worte er der zweiten Ausgabe der «Theologia Deutsch» von 1518 vorausgeschickt hat.[202]

Daß der «deutsche» Eckhart auf dem «lateinischen» beruhe, ihn in mancher Hinsicht voraussetze, dies zu zeigen blieb dem Dominikaner Heinrich Seuse Denifle vorbehalten. Er legte (1886) dar, wie stark der apostrophierte «deutsche Mystiker» eben doch auch eine Gestalt der Scholastik sei, und zwar einerseits eng verwoben mit der christlichen Tradition, also kein kirchenkritischer Vorreformator oder gar Luther-Vorläufer, an Origenes, Augustinus, den Rezipienten des Neuplatonismus orientiert, andererseits an den Leitfiguren seines eigenen Ordens, handle es sich um Thomas von Aquin, Dietrich von Freiberg oder andere. Auch wenn Korrekturen an Denifles Folgerungen nötig waren, so ist die Forschung ihm doch großenteils gefolgt.

Abseits und wenig bekümmert um die Resultate der Forschung kam es zu einer Eckhart-Rezeption, die mit einer gewissen Breitenwirkung rechnen konnte. Im wilhelminischen Deutschland um 1900 galt es, die religiösen Bedürfnisse jener zu befriedigen, die sich – in der Regel außerhalb der Kirchen – als «moderne Gottsucher» verstanden. Etwa gleichzeitig entstanden die Eckhart-Ausgaben von Gustav Landauer (Berlin 1903) und Hermann Büttner (Jena 1903), wobei die Landauersche Edition einer Auswahl entspricht. Sie sucht eine Aufgabe zu erfüllen, die außerhalb der Zielsetzungen der Eckhart-Philologie liegt. In seinem Vorwort legt der Shakespeare-Interpret Landauer von seinem Tun Rechenschaft ab: «Mit der Freiheit, der Liebe und Verehrung gibt, habe ich in dieser Ausgabe der mystischen Schriften Meister Eckharts alles weggelassen, was uns nichts sagt. Meister Eckhart ist zu gut für historische Würdigungen; er muß als Lebendiger auferstehen.»[203] – Mehrere Auflagen erlebte die zweibändige Ausgabe von Büttner, der es dadurch bestimmt war, das Eckhart-Bild einer ganzen Generation maßgeblich mitzuformen. Auch er läßt sich nicht von wissenschaftlichen Ambitionen leiten, sondern entspricht den Bedürfnissen seiner Zeitgenossen, wenn er zu bedenken gibt: «Was Eckehart in einer fremden Sprache geredet hat – denn das Deutsch des 14. Jahrhunderts ist im 20. Jahrhundert eine fremde Sprache – das soll sie [seine Übersetzung] vor einem neuen Menschenkreise und unter dessen Sprachbedingungen aufs Neue reden, es dem Sinne und Gefühl zu unmittelbarer Aneignung darbieten. Ein getreues Nachbild seiner Wörter, das hieße den Denker wie den Schriftsteller mit seinen eigenen Sprachmitteln totschlagen. Nicht durch subalterne Diensthaftigkeit, sondern nur durch den Mut der Mitverantwortung kann das Treueverhältnis zwischen dem Übersetzer und seinem Übersetzen gewahrt werden.»[204]

Dieser Grundsatz der Lesbarkeit, realisiert auf der Basis einer freien, «nachschaffenden» Übersetzung, stieß naturgemäß auf Kritik. Ingeborg Degenhardt warf dem Neuverdeutscher vor: «Ohne Skrupel verändert er den vorgefundenen Text durch kurze Einschübe, Umstellungen, Auslassungen usw. ... besonders da, wo ihm Eckharts zeitbedingte Ausdrucksmittel manchmal ungeeignet erscheinen und den eigentlichen Sinn eher verhüllen oder wo seine Begriffe schwanken... Büttner will Eckharts eigentümliche Terminologie in moderner Umschreibung wiedergeben.»[205] In den Dienst dieser Art von Eckhart-Rezeption stellte sich namentlich Eugen Diederichs in Leipzig, dann in Jena, der «Verleger der Mystik»[206], der zu Jahrhundertbeginn sich zu dem «Gefühl» bekannte, daß sein Verlag «zu einer vertieften dogmenlosen Religion» hinsteuern müsse, und zwar unter der Flagge von Meister Eckhart. Zweifellos kommt Diederichs das Verdienst zu, diesen neben Tauler, Seuse, Sebastian Franck Valentin Weigel, Jakob Böhme popularisiert zu haben.

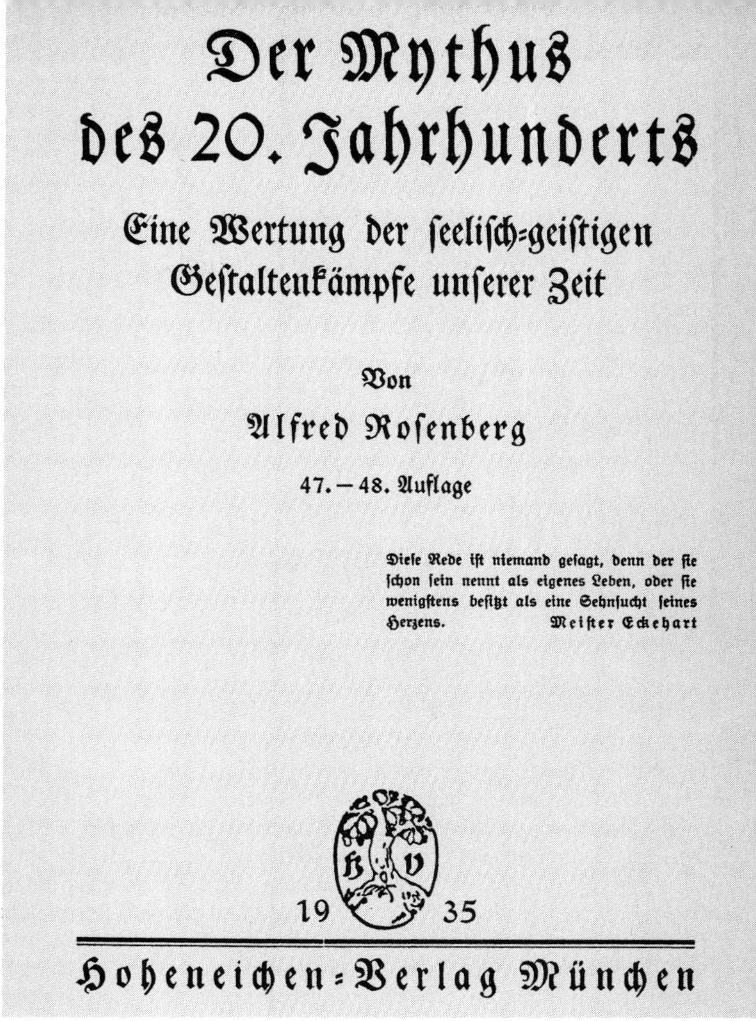
Der Mythus des 20. Jahrhunderts

Eine Wertung der seelisch-geistigen Gestaltenkämpfe unserer Zeit

Von

Alfred Rosenberg

47. – 48. Auflage

Diese Rede ist niemand gesagt, denn der sie schon sein nennt als eigenes Leben, oder sie wenigstens besitzt als eine Sehnsucht seines Herzens. Meister Eckehart

HV

1935

Hoheneichen-Verlag München

Alfred Rosenbergs berüchtigte Grundlagenschrift der NS-Ideologie, mit einem Eckhart-Zitat als Motto

Welche Richtung diese Bemühung freilich nahm, zeigt ein «Erbauungsbuch», der von dem holsteinischen Pfarrer Walter Lehmann herausgegebene Sammelband «Deutsche Frömmigkeit – Stimmen deutscher Gottesfreunde», den er im Weltkriegsjahr 1916 hinausgehen ließ. Was unter der Ägide von Eckhart beginnt, das mündet schließlich ein in die Richtlinien für eine «deutsche Religion» des antisemitischen Paul de Lagarde (Pseud-

Martin Buber

onym für Bötticher) sowie des Diederichs-Autors Arthur Bonus, der von einer «Germanisierung des Christentums» fabuliert und einen «neuen Mythos» dichtet von der «Schöpfung eines höheren Typus Mensch»[207]. Von da ist es nur noch ein Schritt zum Autor des «Mythus des 20. Jahrhunderts», des NS-Ideologen Alfred Rosenberg, der die Forderung aufstellt, «einen Mythus zu erheben und einen Typus zu schaffen»[208], eben den der Blut-und-Boden-Ideologie der Nationalsozialisten. Dieser in vielen Auflagen verbreiteten «Nazi-Bibel» ist ein umfangreiches Kapitel über Eckhart eingefügt. Rosenberg bringt es sogar fertig, seine «Religion des Blutes» mit einem Wort aus der Predigt «Nolite timere eos»[209] rechtfertigen zu wollen, eine Textmanipulation, die jeder verantwortbaren Interpretation Hohn spricht. Der Dominikaner wird zum «Schöpfer einer neuen, völkischen Religion» umzufälschen versucht. Und das Resultat Rosenbergs lautet: «In Meister Eckehart kam die nordische Seele zum erstenmal ganz zum Bewußtsein ihrer selbst. In seiner Persönlichkeit liegen alle unsere späteren Großen gebettet. Aus seiner großen Seele kann – und wird – einmal der deutsche Glaube geboren werden.»[210] Welch ein «Glaube»!

Meister Eckhart, den Gustav Landauer als einen «kühnen Erschütterer der Hirne wie der Herzen», auch den Schöpfer «der deutschen wissenschaftlichen Prosa» gepriesen hat, wirkte dank der Vermittlung Landauers auf den jungen Martin Buber. Jedenfalls zeigt der Briefwechsel zwischen den beiden Freunden, daß der große Dominikaner den beiden Juden innerlich nahe blieb – bei Buber freilich nur eng begrenzte Zeit, bei Landauer bis zu dessen frühem gewaltsamem Tod im Jahre 1919. Buber gab Landauers Eckhart-Buch 1920 nochmals heraus. Eckhart war zwischen ihnen im Gespräch, als Buber die Sammlung mit Zeugnissen mystischen Erlebens unter dem Titel «Ekstatische Konfessionen» zusammenstellte und – ebenfalls bei Eugen Diederichs – 1909 veröffentlichte. Von hier aus führt eine bemerkenswerte Spur zu Robert Musils Romanfragment «Der Mann ohne Eigenschaften». Dabei ist zu bedenken, daß «Eigenschaft» für Eckhart das Uneigentliche, Vordergründig-Mittelbare ist. Ein Mann «ohne Eigenschaften» wäre demnach einer, der die Unmittelbarkeit der Gottesbeziehung ohne Behinderung durch die raumzeitliche «Eigenschaft» um der Unio mystica willen erlebt.[211] Daß bei Musil in hohem Maße dichterische Freiheit waltet, steht hier ebenso außer Diskussion wie bei den verschiedenen Autoren, die Eckhart zum Romanhelden erkoren haben. «Mit einer grandiosen Einseitigkeit hat Musil aus dem Werk Meister Eckharts wenige Zitate herausgegriffen, um sich für sein Hauptwerk inspirieren zu lassen», bemerkt der Dominikaner Willehad Paul Eckert.[212]

Zu erwähnen sind schließlich der mehrfach verlegte, 1925 mit dem Romanpreis der Stadt Köln ausgezeichnete Eckhart-Roman von Paul Gurk sowie «Das gottgelobte Herz» (1938) von Erwin Guido Kolbenheyer. Hier handelt es sich um ein überaus packendes Zeit- und Situationsgemälde zur deutschen Mystik des Mittelalters, wie es in den zwanziger und dreißiger Jahren (parallel zu Alfred Rosenberg!) bevorzugt gelesen wurde – auch eine Weise der Eckhart-Rezeption. Sie hält auf literarischem Terrain bis heute an, oft verdeckt, bisweilen nachweisbar, wie dies unter anderen Hilde Domin für die deutsch-jüdische Dichterin Nelly Sachs aufgezeigt hat. Dabei fällt auf, daß es immer wieder deutsche Juden waren, die sich in die Predigten des dominikanischen Mystikers vertieft haben. So schreibt der aus dem Kreis um Stefan George kommende Finanzwissenschaftler und Philosoph Kurt Singer aus der australischen Emigration am 1. Januar 1949 an Martin Buber: «... Es war aber wohl ein ganzes Leben dazu nötig, so wie der Diamant nur unter ungeheuerstem Druck so einfach, so strahlend auskristallisiert. Und wie beglückend ist, das reinste gewachsene Gotteslehre-Deutsch des Meister Eckhart nun gerade aus Jerusalem zurück- und vor-tönen zu hören, dies macht mich sehr glücklich.»[213] Bubers Deutsch, das faszinierende, oft gerügte, soll sich mit dem Deutsch Meister Eckharts die Waage halten? – Unter die Mystiker wollte der reife Buber am allerwenigsten gerechnet werden, nachdem er die Kehre zur Ich-Du-Philosophie vollzogen hatte.

Carl Gustav Jung

Auch wenn Vollständigkeit nicht angestrebt werden kann, so sind zumindest noch zwei Geistesrichtungen der Gegenwart zu nennen: die moderne Tiefenpsychologie, namentlich diejenige C. G. Jungs, und der Marxismus. Die dem Transpersonalen sich öffnende Psychologie des Unbewußten (also nicht die klassische Psychoanalyse der Schule Sigmund Freuds) konnte an den Erfahrungen der Mystik um so weniger vorbeigehen, als sie (laut Erich Neumann) im Problem des schöpferischen Unbewußten «das Zentralproblem der Mystik und des mystischen Menschen» erblickt. Von daher sind Gestalten wie die Meister Eckharts interessant und ihre Aussagen bedeutungsvoll. «Da sich der schöpferische Prozeß außerhalb des Bewußtseins abspielt und deswegen als eine Grenzerfahrung des Ich angesehen werden muß, ist jeder Versuch, sich diesem zentralen Urwirbel zu nähern, ein Unternehmen und ein Unterfangen. Es gehört zum Wesen eines solchen Wagnisses, daß sein Gegenstand nicht durch den direkten Zugriff des Bewußtseins begriffen werden kann, sondern daß die betrachtete Mitte in der Art eines rituellen Umgangs, in einem umkreisenden und einkreisenden Bemühen, von vielen Seiten zu fassen versucht werden muß.»[214] Damit ist angedeutet, inwiefern der Tiefenpsychologe einen Deutungs- und Erkenntnisbeitrag zum Thema zu liefern hat, der in erster Linie dem Erfahrungsgehalt zugewandt ist, dagegen auf philosophische oder theologische Interpretation bewußt verzichtet. Diese «wissenschaftliche Selbstbescheidung» bei gleichzeitigem Verzicht auf metaphysische Aussagen hebt C. G. Jung immer wieder hervor, bezeichnenderweise auch in seinem ausführlichen Vorwort zu D. T. Suzukis Werk «Die große Befreiung»[215], in dem er Eckharts Armutspredigt (nach dem Text von Hermann Büttner) mit einem zen-buddhistischen Erleuchtungserlebnis (Satori) vergleicht, was einer Ablösung des Ich durch das Selbst entspreche.[216]

Was die Wirkungsgeschichte anlangt, so geht es dem empirisch arbeitenden Tiefenpsychologen naturgemäß nicht darum, bei der mittelalterlichen Mystik irgendwelche Anleihen zu machen. Die Eckhart-Texte dienen namentlich bei C. G. Jung als Amplifikationen, das heißt als historische Materialien, mit denen sich psychische Hervorbringungen des heute lebenden Menschen «anreichern» lassen. Sie dienen somit als Belege, als Anschauungsmaterialien und als hermeneutische Stützen. Läßt sich beispielsweise der Vorgang des Satori im Zen «als ein Durchbruch eines in der Ichform beschränkten Bewußtseins in die Form des nichtichhaften Selbst» begreifen, dann erblickt er in bestimmten Äußerungen des christlichen Mystikers psychische Entsprechungen, die zum Vergleich einladen. An der genannten Stelle handelt es sich um eine Stelle aus der Predigt über die geistlich Armen *Beati pauperes spiritu*. An verschiedenen anderen Stellen seines umfangreichen Werks würdigt Jung aus seiner besonderen Sicht Meister Eckhart als einen «weltumspannenden Geist». Dieser wisse, andererseits «ohne Wissen, um die indische Urerfahrung so gut wie um die gnostische und ist selbst die schönste Blüte am Baume des liber spiritus, der den Anfang des 14. Jahrhunderts kennzeichnet»[217]. Es gibt auch einen mehr persönlich gedeuteten Bezug Jungs zu diesem «weltumspannenden Geist». Die Tatsache, daß der der Ketzerei angeklagte Dominikanermönch jahrhundertelang der Vergessenheit anheimgefallen ist, hat Jung für sich und sein zu Lebzeiten relativ wenig beachtetes Schaffen seinerseits als einen «Trostgrund» zu verstehen gesucht. So findet man in einem seiner Altersbriefe das mehrfach begegnende Lamento: «Ich muß oft an Meister Eckhart denken, der 600 Jahre lang vergessen blieb. Immer wieder frage ich mich, warum es bis heute niemanden gibt, der wenigstens sieht, womit ich ringe.»[218]

Bei den Denkern des 20. Jahrhunderts gewinnt Eckhart unterschiedliche Präsenz. Während beispielsweise Karl Jaspers sich damit begnügt, ihn als einen Denker zu charakterisieren, der dem kontemplativen Typus zugehört und bei dem das Gegenständliche zugunsten der «Offenbarkeit des Seins» zu verschwinden scheine[219], findet Bernhard Welte bei Martin Heidegger eine «Verwandtschaft des Ansatzes in der Gelassenheit oder in der Abgeschiedenheit»[220]. Es ist der Philosoph Eckhart, der bei Heidegger ins Bild tritt, dem sich der Autor von «Sein und Zeit», hier in der Schrift

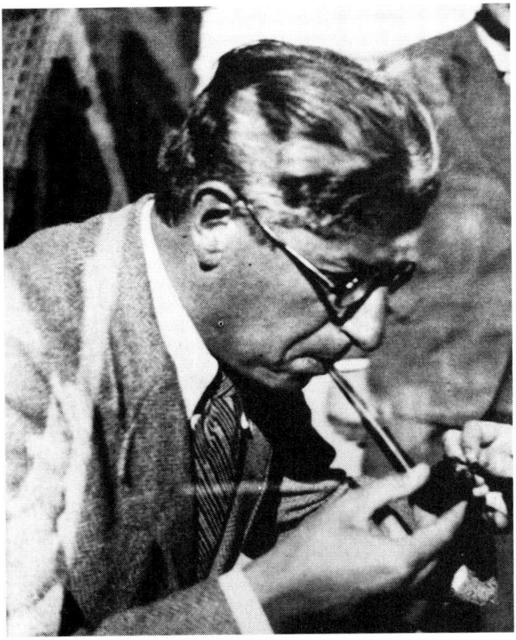

Ernst Bloch

«Feldweg», verwandt fühlt: «Immer und von überall her steht um den Feldweg der Zuspruch des Selben: Das Einfache verwahrt das Rätsel des Bleibenden und des Großen. Unvermittelt kehrt es bei den Menschen ein und braucht doch ein langes Gedeihen. Im Unscheinbaren des immer Selben verbirgt es seinen Segen. Die Weite aller gewachsenen Dinge, die um den Feldweg verweilen, spendet Welt. Im Ungesprochenen ihrer Sprache ist, wie der alte Lese- und Lebemeister Eckhart sagt, Gott erst Gott.»[221]

Fragt man, wie marxistische Denker zu Meister Eckhart Stellung bezogen haben, dann stößt man auf die Klassifizierung, «Johannes Eckhardt» (sic!) sei als «Hauptvertreter der antifeudalen und oppositionellen deutschen Mystik»[222] anzusehen. Zu verweisen ist aber vor allem auf Ernst Bloch. In seinen Hauptschriften hat er sich mehrfach mit dem Dominikanermönch auseinandergesetzt, angefangen bei «Geist der Utopie» (1918), über sein Hauptwerk «Prinzip Hoffnung» bis zu «Experimentum mundi» (1972–74). Der marxistische Denker möchte Eckhart am liebsten in die Nähe eben jener ketzerischen Volks- und Laienbewegung gerückt sehen, die als Lollarden, Beginen, «Brüder vom freien Geiste», später als Hussiten und Täufer ihrer Unzufriedenheit Luft machten, indem sie gegen die institutionelle Macht-Kirche Front bezogen haben. «So jedenfalls ist kostbarste christliche Mystik, durch und durch ergreifend, topisch-neu, utopisch-geladen mit dem Funken, der nicht untergeht.»[223] Wie nicht anders zu erwarten, bemächtigt sich Bloch Eckhartscher Gedanken, um in dem Mystiker einen profilierten Gewährsmann für seine weltimmante Philosophie zu gewinnen. Das ist ohne gewaltsame Reduktion, ohne Eliminierung der transzendenten Dimension nicht möglich.[224] Mit anderen Worten: «Blochs Interpretation nimmt Eckharts Mystik zum historischen Zeugnis dafür, daß und wie sich der Mensch das Prinzip Hoffnung als allgemeinste Bestimmung der Geschichte zu eigen macht. Wunsch und Bewußtsein der notwendigen Einheit mit dem Ursprung, mit Gott, führen ihn zu sich selbst als zur Bewährung seines Selbst, die in der Einheit nicht bloß vermutet, sondern versprochen ist... So beansprucht Ernst Blochs Philosophie Meister Eckharts Mystik als ihr Erbe.»[225]

Zu den in den letzten Jahrzehnten besonders in der englisch- und deutschsprachigen Welt wirksam gewordenen Rezipienten Eckhartscher Gedanken gehört schließlich Erich Fromm. Der aus sehr unterschiedlichen geistig-religiösen Einflußsphären (Judentum, Psychoanalyse, Marxismus) kommende Analytiker und Sozialphilosoph hat sich um die Ausgestaltung einer humanistischen Religiosität bemüht. Literarischen Niederschlag fand dieser Prozeß zum Beispiel in «Psychoanalyse und Zen-Buddhismus» (1960), in Auseinandersetzung mit dem Judentum in «Herausforderung Gottes und des Menschen» (1966; 1970).[226] Meister Eckhart und der christlichen Mystik brachte Fromm Jahrzehnte hindurch Interesse entgegen. In seinem Spätwerk «To Have Or to Be» («Haben oder Sein» [1976]) schätzt er Eckharts Lehre vom «wesentlichen» Menschen hoch ein. Der wesentliche Mensch sei gerade in dieser Zeit der Krise und der Bewährung gefordert. Zu unterscheiden seien zwei Existenz- oder Lebenshaltungen. Die eine wird durch den Modus des Seins, die andere durch den das Habens bestimmt. Je nachdem Sein oder Haben dominiert, kommt der Geist einer Gesellschaft zum Vorschein. Fromm spricht sich unmißverständlich aus: «Die Tendenz zum Haben ist charakteristisch für den Menschen der westlichen Industriegesellschaft, in der die Gier nach Geld, Ruhm und Macht zum beherrschenden Thema des Lebens wurde.»[227] – «Eckhart hat den Unterschied zwischen Haben und Sein mit einer Eindringlichkeit und Klarheit beschrieben und analysiert wie sie von niemandem je wieder erreicht worden ist.»[228]

Als Grundlage für seine Ausführungen dient auch Fromm die berühmte Armutspredigt zur ersten Seligpreisung in der Bergpredigt Jesu. Erich Fromm, der nicht den Anspruch erhebt, mit der gelehrten Eckhart-Forschung zu konkurrieren, sondern ein Leitbild für eine gesellschaftliche Erneuerung zu gewinnen sucht, stellt seine Interpretation in den Dienst dieser Absicht. Über Eckharts Standpunkt schreibt er:

«Wenn er sagt, ein Mensch sollte leer von seinem eigenen Wissen sein, so meint er damit nicht, man solle vergessen, was man weiß, sondern daß

Erich Fromm

man weiß. Das bedeutet, daß man sein Wissen nicht als einen Besitz ansehen soll, der einem ein Gefühl der Sicherheit und Identität verleiht; man sollte von seinem Wissen nicht ‹erfüllt› sein, man sollte sich nicht daran festklammern, nicht danach gieren.

Wissen sollte nicht zu einem Dogma werden, das uns versklavt. All dies gehört dem Habenmodus an. Im Seinsmodus ist Wissen nichts anderes als der eindringliche Denkvorgang als solcher – Denken, das nie den Wunsch verspürt, stillzustehen, um Gewißheit zu erlangen.»[229] Laut Eckhart sei es unser Ziel als Mensch, uns aus den Fesseln der Ichbindung und der Egozentrik zu befreien und damit dem «Habenmodus» zu entrinnen. Es gehe – Eckhart einst und heute – um nichts Geringeres, als mit dem «Sein» Leben, Aktivität, Produktivität im Sinne menschlicher Erfüllung zu finden. Und dies sei nur dort möglich, wo die «Besitzstruktur» überwunden, der Circulus vitiosus des Habenmodus durchbrochen wird.

Auch wenn diese Eckhart-Interpretation Erich Fromms bisweilen auf wenig Verständnis stieß, kann sie doch als ein Beleg für die Aktualität und Rezipierbarkeit Meister Eckharts angesehen werden. Dietmar Mieth, einer der Wenigen, von denen sich Fromm bestätigt sieht, bemerkt hierzu: «Eckhart ist gewiß kein Krisenlöser für moderne Probleme, und primär sollte man fragen, was er seiner Zeit zu sagen hatte. Aber eben diese Frage stellen wir als Menschen unserer Zeit, und so reicht sie unvermeidlich bereits in unsere Zeit hinein.»[230]

Zum west-östlichen Dialog

Die Rezeptionsgeschichte der Eckhartschen Mystik hat in diesem Jahrhundert noch eine ganz besondere Ausgestaltung erfahren. Das geschah in dem Maße, in dem die Begegnung, ansatzweise der Dialog mit der östlich-fernöstlichen Spiritualität Fortschritte machte. Vorbereitet wurde dieser Prozeß im frühen 19. Jahrhundert. Auffälligerweise waren es Vertreter derselben Geistesbewegung, das heißt der Romantik, die Eckhart wiederentdeckten und die, etwa repräsentiert durch Friedrich Schlegel, ihre Begeisterung für Indien bekundeten. Mit großer Überraschung glaubte man wahrnehmen zu können, daß zwischen der idealistisch gedeuteten Deutschen Mystik und der indischen Philosophie innere Gemeinsamkeiten bestehen. Es bedurfte mancher Abklärung der eigenen wie der fremden Position, ehe eine wissenschaftlich vertretbare Konfrontation und Synopse (nicht Synthese!) erprobt werden konnte.

Die verschiedensten Gleichungen wurden erstellt, die verschiedensten Wertzuweisungen versucht. So findet sich beispielsweise in den viel beachteten Gifford-Vorlesungen (1931) des schwedischen Erzbischofs Nathan Söderblom der Satz: «Der Bettelmönch Indiens strebt nach demselben Zustand wie der große deutsche Mystiker», gemeint ist Meister Eckhart.[231] Der indische Religionswissenschaftler und Friedenspreisträger des Deutschen Buchhandels von 1961, Sarvepalli Radhakrishnan, sah «Grund genug» zur Feststellung, daß «das mystische Element im Westen als indischer Beitrag anzusehen» sei.[232]

Die weitere Entwicklung der west-östlichen Begegnung, die teils vom Westen, teils vom Osten her Impulse empfing, erfolgte zeitweise unter erschwerten Bedingungen. Im Westen, speziell im deutschen Sprachbereich, machte sich jahrzehntelang eine starke antimystische Grundhaltung breit. Die aus dem Lager der frühen dialektischen Theologie Karl Barths stammende, gegen Schleiermacher gerichtete Programmschrift Emil Brunners «Die Mystik und das Wort»[233] ließ nur die Alternative gelten: «Entweder die Mystik oder das Wort.» Die Entscheidung lag im vornherein fest. Vor diesem Hintergrund fallen religionsvergleichende Arbeiten wie die von Rudolf Otto über «West-östliche Mystik» (1926) besonders ins Gewicht. Er legt dar, wie in der Mystik «sich in der Tat gewaltige Urmotive der menschlichen Seele regen, die als solche ganz gleichgültig sind gegen die Unterschiede des Klimas, der Weltgegend oder der Rasse, und die in ihrer Übereinstimmung eine innerliche Verwandtschaft der menschlichen Geistes- und Erlebnisart aufweisen, die wahrhaft erstaunlich ist». Diese Feststellung führt den Forscher jedoch nicht zur hier und da aufgestellten Behauptung, daß Mystik eben immer Mystik sei. Vielmehr gebe es in ihr «Mannigfaltigkeiten der Ausprägungen» wie auf anderen geistigen Gebieten, seien es Religion, Ethik oder Kunst. Und gegen die damals zeitgenössischen nationalistisch-rassistischen Vereinnahmungen Meister Eckharts betont Otto nachdrücklich: «Diese genannten Mannigfaltigkeiten sind als solche wieder nicht durch Rasse oder Gegend bedingt. Sondern sie können innerhalb desselben Rasse- und Kulturkreises nebeneinander auftreten, ja in scharfer Gegensätzlichkeit gegeneinander auftreten.»[234]

Ernst Benz, der Ottos Beitrag vor allem im Blick auf «Meister Eckhart in Japan» gewürdigt hat, erinnert daran, «daß Rudolf Otto der erste deutsche Religionswissenschaftler war, der persönlich japanische Zen-Klöster besuchte, mit japanischen Zen-Meistern religionsphilosophische Gespräche führte und sich von ihnen in den Zen-Buddhismus und die Praxis der Zen-Meditation einführen ließ und sie seinerseits auf die Verwandtschaft zwischen gewissen Erfahrungen der Eckhartschen Mystik und der zen-buddhistischen Mystik hinwies»[235]. Benz, der unter anderem als Eckhart-Herausgeber und als Kenner deutscher Mystik ausgewiesen ist, von dem ferner zahlreiche Arbeiten zum west-östlichen Dialog der Religionen vorliegen, kommt auf die «Wahlverwandtschaft zwischen Zen und Meister Eckhart» zu sprechen. Er vermutet eine Konvergenz zwischen dem Transzendenz-Erlebnis Eckharts und der charakteristischen Transzendenz-Erfahrung von Zen. Dies wird nicht zu bestreiten sein; strittig allein ist das Inwiefern einer solchen Konvergenz. Anregungen dazu gab ebenfalls Rudolf Otto, als er schon 1923 in seinen Aufsätzen über das Numinose auf die Analogie zwischen Zen und Eckhart hinwies.[236] Als Schuej Ohasama und August Faust 1925 erstmals authentische Zen-Texte in deutscher Übersetzung herausgaben, versah Otto diese Edition mit einem Vorwort.[237]

Auf besonderes Interesse stieß Eckhart vor allem bei den japanischen Zen-Buddhisten. Dabei ist der Prozeß des geistigen Austauschs überaus nuancenreich, sei es in religionsphilosophischer, sei es in spiritueller Hinsicht. Über die englischen Ausgaben seiner Bücher wurde das Interesse an Meister Eckhart in Japan erweckt, zumindest verstärkt. Als beispielsweise Karlfried Graf Dürckheim in kulturdiplomatischem Auftrag (zwischen 1938 und 1947) in Japan weilte, fand er interessierte Zuhörer bei seinen Vorträgen über Eckhart. Der frühere Universitätslehrer und spätere Begründer der Initiatischen Therapie, einem spirituellen Übungsweg, hatte schon in seiner Münchner Studienzeit um 1920 so etwas wie eine geistige Begegnung mit numinosem Einschlag erlebt,

Karlfried Graf Dürckheim

einerseits beim Anhören des 11. Spruchs aus Laotses Tao-Te-King «Dreißig Speichen umgeben eine Nabe...», andererseits durch die Bekanntschaft mit den Predigten Meister Eckharts.[238] Da es sich hierbei nicht um eine nur intellektuell-wissenschaftliche Beschäftigung mit diesen beiden Meistern aus Ost und West handelte, sondern um eine existentielle, spirituelle, wurde Zen für sein weiteres Leben und Schaffen als Therapeut und Meditationslehrer «im Geist des Zen» bedeutsam: «Den Zugang zum Zen erleichterte mir meine Vertrautheit mit Meister Eckhart.»[239]

Im selben biographischen Zusammenhang ist Daisetz Teitaro Suzuki zu nennen, der als einer der ersten Zen in der englischsprachigen Welt bekannt machte, ohne im eigentlichen Sinn des Wortes ein Zen-Meister zu sein. Ihn lernte Dürckheim bereits bei seiner Ankunft in Japan kennen, als Suzukis Bücher noch nicht ins Deutsche übersetzt waren. So verband sich – nun in der Gegenbewegung von Ost nach West – zenistische Spiritualität mit Eckhartscher Mystik, vor allem wo beide vom reinen «Nichts» (sunyata) sprechen. Zunächst ist es freilich nur der Gleichlaut der Begriffe, der die Begegnenden auf die Botschaft ihres Gegenübers aufmerksam werden läßt. Was nun Suzuki anlangt, so hat auch er den westlichen und den östlichen Weg in seinen Büchern hin und wieder thematisiert.

Seinem 1957 in London veröffentlichten Werk «Mysticism: Christian and Buddhist» hat er ein ausführliches Kapitel über Meister Eckhart vorangestellt. In diesem Zusammenhang läßt sich Suzuki so sehr von Analogien und «Übereinstimmungen» faszinieren, daß der Dominikaner des 13. Jahrhunderts zu einem Zen-Lehrer zu werden droht. «Immer wenn ich auf solche Übereinstimmungen stoße, wächst meine Überzeugung, daß die christlichen religiösen Erfahrungen sich im Grunde von den buddhistischen nicht unterscheiden. Alles, was uns trennt, ist die Terminologie, sie trennt – und reizt uns zu unnützer Kraftvergeudung.» Freilich fügt der Autor einschränkend hinzu: «Gleichwohl müssen wir sorgfältig abwägen und prüfen, ob es tatsächlich etwas gibt, das uns einander entfremdet, und ob es eine Basis gibt, auf der wir gemeinsam spirituell fortschreiten können, von der aus sich eine Weltkultur fördern läßt.»[240]

Eine Gemeinsamkeit des Schwerverständlichen bei Zen und bei Eckhart gibt es gleichwohl. Auf sie hebt Erich Fromm ab, wenn er in seinem seinerzeit viel beachteten Buch «Haben und Sein» nach den «seelischen Grundlagen einer neuen Gesellschaft» Ausschau hält und Eckhart dem japanischen Haiku-Dichter Basho (1644–94) gegenüberstellt, indem er flugs vereinfacht: «Eckhart und der Buddhismus sind in Wirklichkeit nur zwei Dialekte der gleichen Sprache.»[241] Sollten Rezeption und Begegnung, gar der Dialog so einfach sein? Da sind japanische Religionsphilosophen sehr viel behutsamer. Wohl liegt es nahe, die negative (apophatische) theologische Tradition mit der im Mahayana-Buddhismus bedachten Spekulation der «Leere» (sunyata; emptiness) in Beziehung zu setzen. Dies tut Kitaro Nishida (1870–1945), wenn er sagt: «Der wahre Gott entspricht nicht der üblichen Idee von Gott, sondern ist vielmehr die Gottheit, von der die Mystiker im Westen sprechen.»[242] Dabei spielt er offensichtlich auf Eckharts Unterscheidung von *Gott* und *Gottheit* an. Aber muß nicht – eben weil Eckhart und «Buddhismus» keineswegs als «zwei Dialekte» abzutun sind – auf den je verschiedenen Bezugsrahmen hingewiesen werden, auf den sich «Sein», «Leere» bzw. «Gottheit» für den Christen und für den Zen-Buddhisten beziehen? Hier sind Richard Friedlis kulturanthropologische Bemerkungen zur Übersetzungsproblematik im Gespräch zwischen Christen und japanischen Buddhisten über Eckhart zu bedenken, wenn er dort sagt: «Der christliche Mystiker spricht auch diese letzte Wirklichkeit noch mit ‹Du› oder ‹Er› an. Von der Zen-Analyse her ist aber ein ‹Du› oder ein ‹Er› noch nicht die letzte Wirklichkeit. Wir sind hier wieder mit einer – hier: epistomologischen – Grundbefindlichkeit des Buddhismus allgemein und besonders des Zen-Buddhismus konfrontiert: mit der Erfahrung der Überzeugung, daß die letzte Wirklichkeit nicht ausgedrückt, gesagt werden kann.»[243]

Das Persönliche und das Unpersönliche in der Religion hat auch Nishidas Nachfolger an der Universität von Kyoto, Keiji Nishitani (geb. 1900) bedacht, indem er sich immer wieder ausdrücklich auf Meister Eckhart

Keiji Nishitani

bezieht und sich mit der (christlichen) Gottesvorstellung auseinandersetzt. Andererseits gibt es mancherlei Zeugnisse jenes geistigen Gebens und Nehmens, bei dem westliche wie östliche Denker dazu geführt wurden, aufeinander zu hören, sei es vom philosophischen oder theologischen Standort aus, sei es mit den Mitteln begrifflicher Klärung (im Westen) oder mehr in existentieller Betroffenheit (im Osten). Da wie dort bestätigt sich im übrigen die Erfahrung, daß auch die sorgfältigste Beschäftigung mit den Texten bzw. mit der begrifflichen Analyse nicht genügen kann; es bedarf stets auch der meditativen Annäherung, also der spirituellen Praxis. Das gilt für den Umgang mit Mystik im allgemeinen, mit der Vertiefung ins Werk Meister Eckharts im besonderen. Nicht selten ist modernen Kritikern der Vorwurf zu machen, «daß sie von etwas reden, was ihrem Erfahrungs- und Anschauungsbereich völlig fremd ist, und daß sie den literarischen Zeugnissen der Mystik wie einer gedruckten Partitur gegenüberstehen, von der sie nur mühsam einzelne Stimmen entziffern können, deren Aufbau und Orchestrierung aber ihr Fassungsvermögen

Zen-Meditation

bei weitem übersteigt. Die Monotonie und Dürftigkeit der gegen die Mystik vorgebrachten Argumente läßt erkennen, daß hier Leute reden, die selber kein Sensorium für mystische Erfahrungen haben...»[244]

Nimmt man ferner Eckharts Exegese in der Martha-Maria-Predigt hinzu, dann darf jene Meditationserfahrung keinesfalls der Endpunkt des «mystischen» Wegs sein, sondern bestenfalls Durchgangsstation derer, die auf dem Weg sind zur «entleerten», «selbstlosen» Orthopraxis, deren Urbild die tätige Martha ist. So gesehen ist der Dialog zwischen Christen und Buddhisten, zwischen den Schülern Eckharts und denen des Bodhidharma kein Gespräch mit Begriffen und Worten der Lesemeister, sondern wesentlich Existenzmitteilung. «In diesem ‹Loslassen von sich selber›, in dieser letzten intellektuellen und ethischen ‹Entäußerung› erwacht das ‹Große-Mitleiden-Können›. [Das Leben des Lebemeisters] ist der Teststand für die Authentizität der mystischen Erfahrung, der Raum, in dem das Gespräch zwischen Christen und Buddhisten anhebt und ausmündet ins Schweigen.»[245]

Der Gleichlaut der Worte kann unterschiedliche Strukturen des Denkens nicht vergessen machen. Bisweilen verlaufen die Fronten nicht allein zwischen West und Ost, bedenkt man, daß zum Beispiel der mehr zenbuddhistisch orientierten Kyoto-Schule (Nishida, Nishitani, Ueda u. a.) ein buddhistisches Denken gegenübersteht, das sich auf den Amida-Buddha, den Shin-Buddhismus der Liebe und Herzensfrömmigkeit ausrichtet. Schon von daher ergeben sich Auswirkungen auf die Betrachtungsweise der Gottesfrage. Sodann finden wir bei Eckhart einerseits das Reden von Gott, das dem traditionellen Sprachgebrauch folgt, während sich sein Nachsinnen andererseits dem weiselosen Nichts zuwendet. Es fragt sich also, ob es der «ganze» Eckhart ist, der in die Konfrontation und Synopse hineingenommen werden kann, oder ob man realistischerweise, bescheidenerweise selektiv vorgehen muß, um zenbuddhistische Analogien bei dem christlichen Mönch feststellen zu können.

In seinen «Gedanken zu Eckharts Gedanken» hat hierzu Bernhard Welte vor allem drei «untereinander zusammenhängende Angelpunkte» aufgezählt: Die Versenkung ins weiselose Sein, verbunden mit der Überwindung aller Metyphysik; sodann die Analogie zum ungeschaffenen Licht im Grund der Seele; schließlich die Schau das Höchsten, Geheimnisvollen in den alltäglichsten Dingen; übrigens eine Sichtweise, die ihrerseits eine interessante religionsgeschichtliche Parallele im Chassidismus[246] mit ihrer «Einheiligung» alles Profanen darstellt. So gesehen darf man sagen, daß an zwei (bzw. drei) weit auseinander liegenden Punkten der Erde und der Geschichte der Menschen ganz unabhängig voneinander weitgehend analoge Strukturen des Denkens und des Erfahrens an den Tag getreten sind. «Und so darf man annehmen, daß hier in beiden Fällen eine Strukturganzheit erscheint, die nicht irgendeiner Willkür des Denkens entspringt, die vielmehr vorgebildet ist in den Grundverhältnissen, in denen der Mensch und das Denken des Menschen sich immer schon finden... Nur so scheint es erklärbar, daß weitgehend analoge Strukturen unabhängig voneinander in der Geschichte der Menschen hervorgetreten sind dort, wo die Voraussetzungen dafür gegeben waren. – Dann wäre der Meister Eckhart ein Zeuge eines allen Menschen im Grunde Gemeinsamen, mag es auch nur selten im Offenen der Geschichte erschienen sein. Und dann hätte dieses Einanderzuwinken über den Abstand der Kulturen hinweg einen tiefen Grund.»[247]

Schließlich die Frage: Wie hätte Eckhart selbst zum Thema der Begegnung verschiedener Geisteswelten Stellung bezogen? Völlig von der Hand zu weisen ist diese Frage nicht, bedenkt man, welche unterschiedlichen spirituellen Strömungen in seinem Werk zusammengeflossen sind: christlicher Glaube, griechische Philosophie, vor allem die mystische Erfahrung des Neuplatonismus. Er hat es verstanden, das Fremde mit dem Eigenen in Beziehung zu setzen, ja zu verschmelzen. Ihm war klar: *Mitnichten sind die Menschen alle auf einen Weg zu Gott gerufen*. Die Gültigkeit und die Berechtigung vieler Wege ist ihm unstrittig. Jedoch seine Empfehlung: *Ein jeder behalte seine gute Weise und beziehe alle (anderen) Weisen darin ein und ergreife in seiner Weise alles Gute und alle Weisen... Denn Gott hat der Menschen Heil nicht an irgendeine besondere Weise gebunden.*[248]

Meister Eckhart heute

Daß Meister Eckhart heute auf der Grundlage authentischer Texte gelesen und gedeutet werden kann, ist in erster Linie das Verdienst der Herausgeber der großen Stuttgarter Ausgabe, die 1934 im Auftrag der Deutschen Forschungsgemeinschaft (Notgemeinschaft) in Angriff genommen wurde und die 1936 in Einzellieferungen zu erscheinen begann (vgl. Bibliographie). Ihr hat der Herausgeber der deutschen Werke Josef Quint die auch in dieser Darstellung mitbenutzte Übertragung der deutschen Predigten und Traktate (2. Auflage München 1963) hinzugefügt. Im Gegenüber zu älteren, immer noch im Umlauf befindlichen Teilübertragungen ist hier ein hohes Maß an Zuverlässigkeit erreicht worden; so konnten unter anderem auch Übersetzungsfehler korrigiert und die Echtheit der vorgelegten Predigten erhärtet werden. Bedenkt man, daß der Grundstock der historisch-kritischen Ausgabe noch zur Zeit des Dritten Reichs gelegt wurde, kann man es – mit A. M. Haas – als ein Wunder bezeichnen, daß das Unternehmen ohne ideologisch-nationalistische Verfälschungen seinen Anfang nehmen konnte. «Daneben aber blühte eine bis zum Überdruß mit Ideologismen versetzte Eckhart-Literatur, deren Verfasser beschämenderweise durchaus unter Hochschullehrern zu suchen waren. Ernsthafte Forschung lag brach, wenn man einmal von den vielerlei guten Ansätzen der Zwischenkriegszeit absieht, die dann nach dem Zweiten Weltkrieg wiederum aufgenommen werden konnten.»[249]

Produziert wurde eine überaus vielfältige Sekundärliteratur. In Darstellungen und Einzeluntersuchungen konkurrieren je nach Forschungsansatz, Methodik und Zielsetzung zum Teil recht unterschiedliche Eckhart-Bilder. Selbst in Sammelbänden wie in der zum Eckhart-Gedenkjahr 1960 herausgegebenen Festschrift «Meister Eckhart der Prediger» müssen die Herausgeber von den vor die gleiche Aufgabe gestellten Mitarbeitern bekennen: «Ihre Ansichten gehen in den vorliegenden Beiträgen zum Teil weit auseinander. Dies wird man in Kauf nehmen müssen, da in der oft sehr schwierigen Eckhart-Interpretation verschiedene Ansichten durchaus möglich sind.»[250] Dieses Ringen um den großen Scholastiker und um den Meister deutscher Mystik hält an, wie die gelehrte Diskussion und die Rezensionstätigkeit in den Fachzeitschriften zeigen. Sicher ist eine gewisse Meinungsvielfalt unter Experten, als von der Sache selbst

Meditation 4. Stadium. Aus: «Das Geheimnis der Goldenen Blüte»

geboten, zu akzeptieren. Es wird daher nicht verwundern, wenn zwischen der Eckhart-Forschung (im engeren Sinn des Wortes) und jenen Rezipienten ein Graben entsteht, denen an einer Aktualisierung gelegen ist sowie an einer Umsetzung von Eckharts Lehre in heute vollziehbare spirituelle Praxis. Das Problem ist zweifellos ein grundsätzliches. So wird niemand bestreiten wollen, daß Philologen und Historiker um authentische Texte und um die Aufhellung der philosophisch-geistesgeschichtlichen Zusammenhänge bemüht sind, namentlich um die zwischen dem lateinischen und dem deutschen Werk. Dabei kann es aber geschehen, daß Eckhart durch das Geflecht der Traditionen und Interpretationen verdeckt wird, zumal uns Zeugnisse von seinem Leben und seiner Erscheinung so gut wie fehlen.

Der Zeuge mystischer Erfahrung – die übrigens auch nicht unumstritten ist! – wird all denen entrückt, die von dem Meister Führung und Geleit auf dem eigenen inneren Weg erhoffen. Vor aller Augen entfaltet sich aber auch eine Eckhart-Rezeption, die als eine nicht selten fragwürdige Vereinnahmung des mittelalterlichen Predigers empfunden werden kann. Allzuschnell wird hier der «garstige Graben» der geschichtlichen und geistigen Distanz zu überspringen gesucht. Kritiker sprechen mit einem gewissen Recht von Mystifizierungen und Mißdeutungen. In ihnen stellt sich dem heutigen Beobachter nacheinander Eckhart «als bewußtseinserweiternder Apostel der Drogenszene, als anonymer Buddhist oder hinduistischer Yogin, als ‹Anwalt des mittelalterlichen Plebejertums› und eines marxistischen ‹Prinzips Hoffnung›, schließlich einer radikalen, nicht-theistischen Religiosität dar. Die Aktualität Eckharts und seiner volkssprachlichen Werke hat vorerst kein absehbares Ende. Es ist wohl auch sinnlos, ein solches fordern zu wollen. Es wäre sogar ungerecht und falsch, diese ideologisch imprägnierten Eckhart-Deutungen zu ignorieren; nur, meine ich, müßte man sie in der Gabe der Unterscheidung zur Kenntnis zu nehmen versuchen. Letztlich sind all diese ideologischen Vereinnahmungen Meister Eckharts – wenn auch noch so bescheidene, so doch wirksame – Zeugnisse für eine fruchtbare Irritation, die von den deutschsprachigen Werken des Meisters bis heute ausgeht.» (A. M. Haas)[251]

Zu differenzieren ist hier ganz gewiß. Jede angesichts der Textgrundlage verantwortbare Interpretation hat jedoch ihr Recht. Aber ein jeder dieser Versuche ist wiederum durch den geistigen Standort des Interpreten – übrigens auch den seines Kritikers – relativiert. Meditative Erfahrungen, Einsichten der Tiefenpsychologie, der Transpersonalen Psychologie oder anderer Erkenntnisweisen sollten nicht im vornherein dem Verdikt des Mystik-Experten verfallen, wie es bisweilen geschieht.[252]

In dem Mann der Kirche und der scholastischen Philosophie ist ein geistiges Potential veranlagt, das jenseits der kirchlich-klerikalen Pferche Impulse zu geben vermag und auch weiterhin geben wird. Gerade die Tatsache, daß sein Wort gehört und in den verschiedensten weltanschaulich-religiösen Lagern ernst genommen wird, stellt eine Bestätigung dar.

Noch gilt die auf sein Werk und seine Botschaft bezogene Beschwörung Meister Eckharts. Sie ist an jeden gerichtet, den heute sein Wort trifft, dessen Inspirationskraft in Spruch und Widerspruch, in Licht und Dunkel fortdauert: *Nun bitte ich euch, ebenso – im Geiste arm – zu sein, auf daß ihr diese Rede versteht; denn ich sage euch bei der ewigen Wahrheit: Wenn ihr dieser Wahrheit, von der wir nun sprechen wollen, nicht gleicht, so könnt ihr mich nicht verstehen.*[253]

Siegel Meister Eckharts als Provinzial der Provinz Saxonia des Dominikanerordens, 1319

Anmerkungen

Wenn nicht anders vermerkt, werden die Eckhart-Zitate wie folgt angegeben:

DW	=	Deutsche Werke
LW	=	Lateinische Werke (Band, Seite, Zeile; vgl. Bibliographie)
Pfeiffer	=	Franz Pfeiffer: Deutsche Mystiker des 14. Jahrhunderts, Bd. 2: Meister Eckhart. Leipzig 1857; Aalen 1966
Quint	=	Meister Eckhart: Deutsche Predigten und Traktate, hg. und übersetzt von Josef Quint. München [3]1969
Mieth	=	Meister Eckhart, hg., eingeleitet und z. T. übersetzt von Dietmar Mieth (Gotteserfahrung und Weg in die Welt). Olten–Freiburg i. B. 1979

1 Daisetz T. Suzuki: Der westliche und der östliche Weg (Mysticism: Christian and Buddhist, 1957). Frankfurt a. M. 1960. Ullsteinbücher 299, S. 13

2 Johannes Gerson: De mystica theologia. Hg. von A. Combes. Lugano 1958. Hierzu Alois M. Haas: Die Problematik von Sprache und Erfahrung in der deutschen Mystik, in: W. Beierwaltes und H. U. von Balthasar: Grundfragen der Mystik. Einsiedeln 1974, S. 75f

3 Irene Behn: Spanische Mystik. Darstellung und Deutung. Düsseldorf 1957, S. 8; vgl. Haas, a. a. O., S. 78

4 Alois M. Haas: Die Sprache der Mystiker, in: Geistliches Mittelalter (Dokimion 8). Freiburg/Schweiz 1984, S. 185

5 Mieth, 97

6 DW I, 169

7 Martin Luthers Lied: Gott der Vater wohn' uns bei, EKG 109. Vgl. weiter Friso Melzer: Das Wort in den Wörtern. Die deutsche Sprache im Dienste der Christus-Nachfolge. Tübingen 1965, S. 245f

8 DW I, 203

9 Rudolf Bultmann: Welchen Sinn hat es, von Gott zu reden? (1925), in: Glauben und verstehen Bd. I, Tübingen 1933f

10 DW I, 253, 7

11 DW V, 203, 1–3; Quint 59, 21–23

12 Bemerkenswert ist der Versuch, das paradoxale Reden des Neuen Testaments mit östlicher Erfahrung zu vergleichen, bei J. K. Kadowaki: Zen und die Bibel. Salzburg 1980

13 Gerhard Wehr: Esoterisches Christentum. Aspekte, Impulse, Konsequenzen. Stuttgart 1975

14 Maurice de Gandillac: Pseudo-Dionysios, in: G. Ruhbach und J. Sudbrack: Große Mystiker. Leben und Wirken. München 1984, S. 77f

15 Hans Urs von Balthasar: Herrlichkeit. Eine theologische Ästhetik. Bd. II, 1. Einsiedeln 1962, S. 147

16 Wehr, Esoterisches Christentum, a. a. O., S. 118f

17 Dionysios Areopagita: Die Hierarchien der Engel und der Kirche, eingeleitet und kommentiert von Walther Tritsch. München-Planegg 1955

18 H. U. von Balthasar: Herrlichkeit II, 1, S. 150

19 Heiko A. Oberman: Luther und die Mystik, in: Kirche, Mystik, Heiligung und das Natürliche bei Luther. Hg. von Ivar Asheim. Göttingen 1967.
Gerhard Wehr: Martin Luther. Mystische Erfahrung und christliche Freiheit. Schaffhausen 1983

20 Gerhard Wehr: Heilige Hochzeit. Symbol und Erfahrung menschlicher Reifung. München 1986

21 Malcolm Lambert: Ketzerei im Mittelalter. München 1981

22 Josef Pieper: Scholastik. München 1960

23 M. D. Chenu: Thomas von Aquin in Selbstzeugnissen und Bilddokumenten. Reinbek 1960 (rm 45)

24 Mechthild von Magdeburg: Das fließende Licht der Gottheit, hg. von P. G. Morell (1869). Darmstadt 1980

25 Herbert Grundmann: Religiöse Bewegungen im Mittelalter. 2. erg. Aufl. Darmstadt 1961, S. 527

26 Otto Karrer (Hg.): Die große Glut. Mystik im Mittelalter. München 1926; 1978, S. 153

27 Richard Egenter: Gottesfreundschaft. Augsburg 1928

28 Wilhelm Oehl (Hg.): Deutsche Mystikerbriefe des Mittelalters 1100–1550 (1931). Darmstadt 1972

29 Dies entspricht heutigem Forschungsstand; vgl. Kurt Ruh in: Ruh, Altdeutsche und altniederländische Mystik. Darmstadt 1964, S. XI

30 Kurt Ruh zit. bei Hans Eggers: Deutsche Sprachgeschichte II. Das Mittelhochdeutsche. Reinbek 1965, S. 189 (rde 191)

31 Frauenmystik im Mittelalter. Hg. von Peter Dinzelbacher und Dieter R. Bauer. Stuttgart 1985

32 A. M. Haas: Sermo mysticus. Studien zu Theologie und Sprache der deutschen Mystik. Freiburg/Schweiz 1979, S. 260

33 Quint 273

34 Im nachfolgenden werden u. a. Erkenntnisse verwertet, die vor allem Josef Koch erarbeitet hat, nämlich: Kritische Studien zum Leben Meister Eckharts. Erster Teil: Von den Anfängen bis zum Straßburger Aufenthalt einschließlich, in: Archivum Fratrum Praedicatorum, XXIX, Rom 1959, S. 5–51; Ders.: Zweiter Teil: Die Kölner Jahre, der Prozeß und die Verurteilung, a. a. O. XXX, Rom 1960, S. 5–52

35 Josef Dolch: Lehrplan des Abendlandes. Zweieinhalb Jahrtausende seiner Geschichte. Darmstadt 1982

36 Martin Grabmann: Die Geschichte der scholastischen Methode. Freiburg 1911, Bd. 2, S. 97

37 Kurt Ruh: Meister Eckhart. Theologe, Prediger, Mystiker. München 1985, S. 33

38 DW V, 185–309; hier Quint 57

39 Quint 59

40 Quint 207, 12f

41 Quint 140f

42 Quint 101f

43 Frauenmystik im Mittelalter, a. a. O.
Otto Langer: Mystische Erfahrung und spirituelle Theologie. Zu Meister Eckharts Auseinandersetzung mit der Frauenfrömmigkeit seiner Zeit. (Habil. Schrift) Bielefeld 1983

44 Was die Schreibweise «Eckehart» anlangt, so kommt auch diese Form in den Quellen vor. In der wissenschaftlichen Literatur hat sich aber «Eckhart» eingebürgert

45 Josef Quint: Meister Eckehart, in: Die Großen Deutschen (1935/36). Berlin 1983, Bd. I, S. 250

46 Alois M. Haas: Geistliches Mittelalter (Dokimion 8). Freiburg/Schweiz 1984, S. 407f; M. Poreto: Der Spiegel... Zürich 1987
47 Herbert Grundmann: Ketzergeschichte des Mittelalters, in: Die Kirche in ihrer Geschichte, hg. von K. D. Schmidt und E. Wolf, Bd. 2, G (1. Teil). Göttingen 1963, S. 47f
48 Ruh, Meister Eckhart, a. a. O., S. 112f
49 Quint 139, 5f
50 Ruh, Meister Eckhart, a. a. O., S. 172
51 A. Daniels (Hg.): Eine lateinische Rechtfertigungsschrift des Meisters Eckhart (Beiträge zur Geschichte der Philosophie des Mittelalters, Bd. 23, Heft 5). Münster 1923
52 Ruh, Meister Eckhart, a. a. O., S. 179
53 Quint 139
54 DW I, 39f; Quint 159f
55 Der lateinische Text wird in Übersetzung zitiert bei Ruh, Meister Eckhart, a. a. O., S. 182
56 Quint 449
57 Quint 455
58 In der kritischen Eckhart-Ausgabe sind die lateinischen Werke (LW) und die deutschen Werke (DW) in je einer Editionsfolge erschienen.
59 Anselm von Canterbury: Cur deus homo (Warum wurde Gott Mensch), zit. bei Heribert Fischer: Meister Eckhart. Freiburg i. B. 1974, S. 28
60 LW I, 150f, zit. bei Fischer, a. a. O., S. 38
61 Fischer, a. a. O., S. 44
62 Josef Koch in: Ruh (Hg.), Altdeutsche und altniederländische Mystik, a. a. O., S. 277
63 Quint 171, 9f
64 LW I, 238, 1–7
65 Dietmar Mieth: Meister Eckhart. Authentische Erfahrung als Einheit von Denken, Sein und Leben, in: Haas/Stirnimann (Hg.): Das einig' Ein. Freiburg/Schweiz 1980, S. 19–27
66 LW III, 234, 16; vgl. Fischer, a. a. O., S. 64–67
67 DW V, 307, 2f; Quint 100, 1f
68 Bernward Dietsche: Der Seelengrund nach den deutschen und lateinischen Predigten, in: Meister Eckhart, der Prediger. Freiburg i. B. 1960, S. 202f
69 DW I, 43, 5f; Quint 164, 15f
70 Quint 273, 29f
71 Pfeiffer 18, 38f
72 Ob Quints Charakteristik «faustisch-deutsch» Eckhart angemessen ist, darf angesichts der deutsch-nationalen Mißdeutbarkeit des Mystikers fraglich sein
73 Josef Quint: Mystik und Sprache, in: Ruh (Hg.), Altdeutsche und altniederländische Mystik, a. a. O., S. 134f
74 Quint 185, 14–25
75 Quint 163, 31
76 Quint 172, 33
77 Heribert Fischer: Grundgedanken der deutschen Predigten, in: Meister Eckhart der Prediger, a. a. O., S. 60
78 Quint 459
79 Quint 53, 6f
80 Quint 55, 2–12
81 Augustinus: De vera religione, c 39, zit. LW 4, 191
82 A. M. Haas: Nim dîn selbes wâr. Studien zur Lehre von der Selbsterkenntnis bei Meister Eckhart, Johannes Tauler und Heinrich Seuse (Dokimion 3). Freiburg/Schweiz 1971, S. 20f
83 Quint 58, 21f
84 Quint 58, 28f
85 Quint 60, 20f
86 Quint 61, 18f
87 Quint 61, 36f
88 Quint 62, 27f
89 Quint 94, 20f
90 Quint 82, 14f
91 Quint 99, 29f; 100, 1f
92 Ruh, Meister Eckhart, a. a. O., S. 46
93 DW V, 1–105; Quint 101–139

94 A. M. Haas: Transzendenzerfahrung nach dem ‹Buch der göttlichen Tröstung›, in: Haas, Sermo mysticus, a. a. O., S. 208
95 Alois Dempf: Meister Eckhart. Freiburg 1960, S. 31
96 Quint 104
97 Quint 110, 2f
98 Quint 133, 18f
99 Quint 136, 13f
100 Quint 116, 16f
101 Über die Sprache der Gottsuche und Gotteserkenntnis vgl. Hans Eggers: Deutsche Sprachgeschichte II. Das Mittelhochdeutsche. Reinbek 1965, S. 175f
102 Quint 123, 16f
103 Quint 124, 31f
104 Wehr, Esoterisches Christentum, a. a. O.
105 Quint 125, 32
106 Quint 127, 28
107 Quint 139, 18f
108 Haas, Sermo mysticus, a. a. O., S. 208
109 Quint 126, 19f
110 Herma Piesch: Der Aufstieg des Menschen zu Gott nach der Predigt ‹Vom edlen Menschen›, in: Meister Eckhart, der Prediger, a. a. O., S. 167f
111 Quint 143, 20
112 Henri de Lubac: Geist aus der Geschichte. Das Schriftverständnis des Origenes. Einsiedeln 1968, S. 408
113 Quint 141
114 Augustinus: De vera religione – Über die wahre Religion, XXVI, 49. Stuttgart 1983, S. 81f (Reclam UB 7971)
115 A. M. Haas: Meister Eckhart als normative Gestalt geistlichen Lebens. Einsiedeln 1979, 17f. – Ders.: Sermo mysticus, a. a. O., S. 170f
116 Quint 142, 19–143, 14
117 Quint 145, 16
118 Quint 146, 33f
119 Quint 146, 20f
120 Quint 147, 29f
121 Gerhard Wehr: Stichwort Damaskuserlebnis. Der Weg zu Christus nach C. G. Jung. Stuttgart 1982; jetzt durch den Autor, D 8501 Schwarzenbruck
122 Quint 148, 3
123 Quint 148, 29f
124 Piesch (vgl. Anm. 110), S. 195
125 Hierzu A. M. Haas: Geistliches Mittelalter. Freiburg/Schweiz 1984, S. 317f
126 DW II, 528, 5f; – Haas, Geistliches Mittelalter, a. a. O., S. 320
127 Ebd., S. 277
128 Vgl. den Nachweis durch E. Schaefer: Meister Eckharts Traktat ‹Von Abgeschiedenheit›. Bonn 1956
129 Ruh, Meister Eckhart, a. a. O., S. 165
130 Abgedruckt und erläutert bei Mieth, S. 81f
131 Mieth 83
132 Mieth 87
133 Mieth 89
134 Mieth 89f
135 Mieth 96
136 Mieth 97
137 Es handelt sich um die Predigten 12–15 und 22 in DW I
138 Johannes Tauler, 15. Predigt, in: Predigten, übertragen und hg. von Georg Hofmann, Einsiedeln 1979, Bd. I., S. 103
139 DW I, 21f; Quint 159f
140 Quint in: Quint 472
141 Ruh, Meister Eckhart, a. a. O., S. 145
142 Ebd., S. 143
143 DW I, 24, 7f; Quint 159f. Die Zitate sind dieser Predigt entnommen
144 Rudolf Steiner: Das Christentum als mystische Tatsache. Berlin 1902; jetzt Dornach (zahlreiche Neuausgaben)
145 In Eckharts Predigt ‹Von der Abgeschiedenheit›, in: Mieth 97
146 Quint 309
147 Quint 167
148 Die Zitate aus dieser Predigt finden sich bei Quint 280f
149 Quint 227

150 Shizuteru Ueda: Die Gottesgeburt in der Seele und der Durchbruch zur Gottheit. Gütersloh 1965, S. 147; dort auch die erwähnte Abbildung, auf die Ernst Benz seinen Schüler aufmerksam gemacht hat
151 Quint 284f
152 Quint 285, 13f
153 Die Zitate dieser Predigt bei Quint 168f
154 Friso Melzer: Innerung (Kassel 1968) bedient sich des Wortes ‹Innerung›, um ‹Meditation› zu verdeutschen. Der Terminus als solcher findet sich bereits bei Thomas Müntzer: Ausgedrückte Entblößung des falschen Glaubens. Mühlhausen/Th. 1524, in: Müntzer, Schriften und Briefe. Gütersloh 1968, S. 267, 5
155 Quint 315
156 Louis Cognet: Gottes Geburt in der Seele. Freiburg i. B. 1980, S. 68
157 Quint 172, 32f
158 Zitate dieser Predigt bei Quint 174f
159 Aus ‹Reden der Unterweisung›; Quint 59, 21f
160 Quint 177, 19f
161 Quint 186, 5f
162 Quint 186, 30f
163 Zitate dieser Predigt bei Quint 190f
164 Quint 193, 7f
165 J. Sudbrack: Wege zur Gottesmystik. Einsiedeln 1980, S. 108
166 Ruh, Meister Eckhart, a. a. O., S. 150
167 Zitate dieser Predigt bei Quint 256f
168 DW III, 322, 6; hierzu Haas, Geistliches Mittelalter, a. a. O., S. 232f
169 Haas, Sermo mysticus, a. a. O., S. 200f
170 Zit. bei Ruh, Meister Eckhart, a. a. O., S. 157f
171 Ebd., S. 158
172 Zitate dieser Predigt bei Quint 303f
173 Quint 304, 22f
174 Quint 305, 17f
175 Quint 305, 26f
176 Quint 306, 11f
177 Ruh, Meister Eckhart, a. a. O., S. 162
178 Quint 273, 17f; vgl. A. M. Haas in: Beierwaltes u. a., Grundfragen der Mystik, a. a. O., S. 86f. – Haas, Sermo mysticus, a. a. O., S. 172f
179 Quint 273, 21f
180 Text in: Jan van Ruisbroeck, Die Zierde der geistlichen Hochzeit und die kleineren Schriften. Hg. von Fr. Markus Huebner. Leipzig 1924
181 Quint 308, 6–35
182 Quint 309, 9f
183 Vgl. Jakob Böhme: De signatura rerum oder Von der Geburt und Bezeichnung aller Wesen (1622)
184 Vgl. Rudolf Otto: Das Heilige (1917), zahlreiche Auflagen
185 Zitate nach Haas: Geistliches Mittelalter, a. a. O., S. 318
186 Ebd., S. 319
187 Ebd., S. 468
188 Haas, Meister Eckhart als normative Gestalt geistlichen Lebens, a. a. O., S. 10
189 DW II, 486f; Quint 303f
190 Valentin Weigel: Kurzer Bericht und Anleitung zur Deutschen Theologie (1571), in: Weigel: Sämtliche Schriften, hg. von Winfried Zeller, 3. Lieferung. Stuttgart 1966, S. 126
191 Dempf, a. a. O., S. 35
192 Rudolf Haubst: Nikolaus von Kues als Interpret und Verteidiger Meister Eckharts, in: Kern (Hg.), Freiheit und Gelassenheit, a. a. O., S. 75f.
193 Geert Groote, Thomas von Kempen und die Devotio moderna, hg. von H. N. Janowski. Olten–Freiburg i. B. 1978
194 Winfried Zeller: Theologie und Frömmigkeit, hg. von B. Jaspert. Marburg 1971, S. 32f

195 Theologia Deutsch. Eine Grundschrift deutscher Mystik (vollständiger normalisierter Text), hg. von Gerhard Wehr. Freiburg i. B. 1980
196 Gerhard Wehr: Jakob Böhme in Selbstzeugnissen und Bilddokumenten. Reinbek 1971 (rm 179); ders.: Die deutsche Mystik. München 1988
197 Es handelt sich um Franz Pfeiffer, den Eckhart-Herausgeber von 1857
198 Franz Hoffmann zit. bei Ernst Benz: Schelling. Werden und Wirken seines Denkens. Zürich 1955, S. 10 (Albae Vigiliae NF XV)
199 Benz, a. a. O., S. 21
200 Karl Rosenkranz zit. bei F. W. Wentzlaff-Eggebert. Berlin [3]1969, S. 1
201 Wilhelm Preger zit. bei Haas, Geistliches Mittelalter, a. a. O., S. 219f
202 Martin Luther: Ausgewählte Werke, hg. von H. H. Borcherdt und Gg. Merz, Bd. I: Aus der Frühzeit der Reformation. München 1963, S. 140f
203 Gustav Landauer zit. bei Willehad Eckert, in: Kern (Hg.), Freiheit und Gelassenheit, a. a. O., S. 185
204 Hermann Büttner zit. bei Eckert, a. a. O., S. 184f
205 Ingeborg Degenhardt zit. bei Eckert, a. a. O.
206 Willy Haas: Ein Verleger der Mystik. Zum 100. Geburtstag von Eugen Diederichs, in: Die Welt (Hamburg), 22. 6. 1967
207 Arthur Bonus in: Deutsche Frömmigkeit. Stimmen deutscher Gottesfreunde, hg. von Walter Lehmann. Jena 1916, S. 317
208 Alfred Rosenberg: Der Mythos des 20. Jahrhunderts. (95.–98. Aufl.) München 1936, S. 481
209 Quint 271, 6f
210 Rosenberg, a. a. O., S. 258f
211 Dietmar Goltschnigg: Mystische Tradition im Roman Robert Musils. Heidelberg 1974
212 Willehad Eckert: Eckhart-Rezeption und Umdeutung in der neuen deutschen Literatur (vgl. Anm. 203), S. 194
213 Martin Buber: Briefwechsel aus sieben Jahrzehnten. Heidelberg 1975, Bd. III, S. 187
214 Erich Neumann: Kulturentwicklung und Religion. Zürich 1953, S. 142
215 D. T. Suzuki: Die große Befreiung. Zürich–Stuttgart [5]1969
216 C. G. Jung: Gesammelte Werke. Zürich 1963, XI, S. 587
217 C. G. Jung: Aion, in: Gesammelte Werke. Olten 1976, IX, Teil 2, S. 207
218 C. G. Jung: Briefe III. Olten–Freiburg i. B. 1973, S. 337. – Vgl. Gerhart Wehr: C. G. Jung. Leben, Werk, Wirkung. München 1985, S. 432
219 Karl Jaspers: Von der Wahrheit. München 1947, S. 897
220 Bernhard Welte: Meister Eckhart. Freiburg i. B. 1979, S. 39
221 Martin Heidegger: Der Feldweg. Frankfurt a. M. 1962, S. 4
222 R. O. Gropp und Frank Fiedler (Hg.): Von Cusanus bis Marx. Deutsche Philosophen aus fünf Jahrhunderten. Leipzig 1965, S. 179
223 Ernst Bloch: Atheismus im Christentum. Frankfurt a. M. 1968, S. 286
224 A. M. Haas: Meister Eckhart im Spiegel der marxistischen Ideologie, in: Wirkendes Wort 22 (1972), S. 132
225 Wolfram M. Fues: Meister Eckhart bei Ernst Bloch, in: Haas/ Stirnimann (Hg.), a. a. O., S. 153. K. P. Steinacker-Berghäuser: Das Verhältnis der Philosophie Ernst Blochs zur Mystik. (Diss.) Marburg 1973
226 Ausführlich bei Rainer Funk: Mut zum Menschen. Erich Fromms Denken und Werk, humanistische Religion und Ethik. Stuttgart 1978
227 Erich Fromm: Haben oder Sein. Stuttgart 1976, S. 29

228 Ebd., S. 65
229 Ebd., S. 67
230 Mieth in: Haas/Stirnimann, a. a. O., S. 12
231 Nathan Söderblom: Der lebendige Gott. München–Basel 1966, S. 53
232 Sarvepalli Radhakrishnan: Gemeinschaft des Geistes. Darmstadt 1952, S. 306
233 Emil Brunner: Die Mystik und das Wort. Tübingen 1924
234 Rudolf Otto: West-östliche Mystik (1926). Gütersloh 1979, S. 2
235 Ernst Benz: Meister Eckhart in Japan. Einführung zu Sh. Ueda: Die Gottesgeburt in der Seele und der Durchbruch zur Gottheit. Gütersloh 1965, S. 16f
236 Rudolf Otto: Über Za-Zen als Extrem des numinosen Irrationalen, in: Otto, Aufsätze das Numinose betreffend. Gotha 1923
237 Sh. Ohasama – A. Faust: Zen, der lebendige Buddhismus in Japan. Gotha–Stuttgart 1925
238 Karlfried Graf Dürckheim: Erlebnis und Wandlung. Bern 1978, S. 36; über Dürckheims Japan-Erfahrung vgl. Gerhard Wehr: Karlfried Graf Dürckheim – Biographie. München 1988
239 Dürckheim, a. a. O., S. 42
240 D. T. Suzuki: Der westliche und der östliche Weg. Berlin 1960, S. 17
241 Fromm, a. a. O., S. 29
242 Kitaro Nishida zit. bei Hans Waldenfels: Absolutes Nichts. Zur Grundlegung des Dialogs zwischen Buddhismus und Christentum. Freiburg i. B. 1976, S. 177
243 Richard Friedli: Der Große Tod und das Große Mitleid, in: Haas/Stirnimann, a. a. O., S. 103
244 Benz in: Ueda (vgl. Anm. 235), S. 11
245 Friedli (Anm. 243), S. 107
246 Martin Buber: Chassidische Botschaft (1952), in: Werke III. Schriften zum Chassidismus. München–Heidelberg 1963, S. 739f.
Gerhard Wehr: Der Chassidismus. Mysterium und spirituelle Lebenspraxis. Freiburg i. B. 1978
247 Welte, Meister Eckhart, a. a. O., S. 195; vgl. hierzu das abschließende Kapitel über Meister Eckhart im Vergleich mit dem Zen-Buddhismus bei Ueda, a. a. O., S. 145f
248 Quint 78f; hierzu Josef Zapf: Meister Eckhart und die mystischen Traditionen des Ostens, in: Meister Eckhart heute. Karlsruhe 1980, S. 57f
249 Haas, Geistliches Mittelalter, a. a. O., S. 221
250 Meister Eckhart, der Prediger, a. a. O., Vorwort
251 Haas, Geistliches Mittelalter, a. a. O., S. 216f
252 Josef Sudbrack in: Wege zur Gottesmystik. Einsiedeln 1980, S. 103f
253 DW II, 487, 4f; Quint 303, 17–20

Zeittafel

Um 1260	Eckharts Geburt, evt. in Hochheim bei Gotha
1277	Zum Studium der «artes liberales» (philosophisches Grundstudium) in Paris
1280	Beginn des Theologiestudiums in Köln
1293/94	Zweiter Paris-Aufenthalt; Eckhart erwirbt den akademischen Grad des Bakkalaureus, «lector sententiarum»
1294	Rückkehr ins Heimatkloster nach Erfurt
vor 1298	*Die Reden der Unterweisung*; Eckhart ist Prior des Erfurter Klosters und Vikar der Dominikaner in Thüringen
1302/03	Dritter Paris-Aufenthalt; Promotion zum Magister der Theologie (somit 1. Pariser Magisterium). Für ein Jahr ist er als «magister actu regens» mit der Bibelauslegung betraut
1303–11	Ernennung zum Provinzial der Ordensprovinz Saxonia, bestehend aus anfangs 47 Konventen, mit Sitz in Erfurt
1307	Ernennung zum Generalvikar, das heißt zum Stellvertreter des Ordensgenerals Aymericus von Piacenza; Auftrag der Reformierung der böhmischen Provinz
1311–13	Vierter Paris-Aufenthalt (= 2. Pariser Magisterium); Eckharts lateinisches Hauptwerk *Opus tripartitum* entsteht (zumindest teilweise); ferner Bibelkommentare
1314–22	Als Generalvikar in Straßburg Betreuung oberdeutscher Dominikanerinnenklöster. *Das Buch der göttlichen Tröstung* (Liber Benedictus deus); *Vom edlen Menschen*; zahlreiche deutsche Predigten. In Straßburg evt. Begegnung mit Tauler und Seuse
1323/24	Als Leiter des Generalstudiums der Dominikaner in Köln
1326	Heinrich II. von Virneburg, von 1304 bis 1332 Erzbischof von Köln, leitet das Inquisitionsverfahren gegen Eckhart ein
1327	24. Januar: Eckhart appelliert öffentlich an Papst Johannes XXII. Er ist bereit, sich vor ihm in Avignon zu verantworten. 13. Februar: Erklärung Eckharts in der Kölner Predigerkirche
1328	Vor Ende April: Tod Meister Eckharts (laut Brief des Papstes vom 30. April an den Kölner Erzbischof), evtl. in Avignon, in Köln oder unterwegs
1329	27. März: In der Bulle «In agro dominico» verurteilt Johannes XXII. 17 von 28 Thesen Eckharts

Zeugnisse

Herman Büttner

Der größte religiöse Redner und Schriftsteller der Deutschen ist seinem Volke gänzlich fremd geworden. Meister Eckehart ist den meisten heute nur ein großer Name. Man weiß, daß er ein deutscher Mystiker war. Aber bis sich die Ansichten der Gelehrten, was denn unter dieser sogenannten Mystik zu verstehen sei, etwas mehr geklärt haben werden, tut man gut, von diesem Namen abzusehen. Er hat bisher nur dazu gedient, die Sache beiseite zu schieben. Denn er erweckt das Vorurteil, als handle es sich hier um etwas Befremdliches und Seltsames. Es gibt keine nähere Angelegenheit für jeden von uns.

«Meister Eckehart – Schriften». 1903

Rudolf Steiner

Ganz durchglüht von der Empfindung, daß im Geiste des Menschen die Dinge als höhere Wesenheiten wiedergeboren werden, ist die Vorstellung des Meisters Eckhart ... Eckhart wollte von dem Inhalte des Christentums nichts wegnehmen, aber auch zu ihm nichts hinzufügen. Aber er wollte diesen Inhalt auf seine Art neu hervorbringen.

«Die Mystik im Aufgange des neuzeitlichen Geisteslebens». 1901

Joseph Bernhart

Bei einem Menschen von dem religiösen Urdrang und der persönlichen Gewalt Eckharts will es wenig bedeuten, wenn man den Finger auf seine Schriften setzt und mit Gelehrsamkeit Satz für Satz auf seine Herkunft erkennt. Sein Bestes ist nicht der Gedanke, den er niederschreibt, sondern die Macht, die ihn treibt, so zu sprechen, und die Notwendigkeit des Innern zu seinem Schicksal macht.

«Die philosophische Mystik des Mittelalters». 1922

Rudolf Otto

Die Mystik Eckharts löst sich nicht einfach ab von dem gewachsenen Boden seiner christlichen Religion. Sie trägt vielmehr noch bis ins Letzte besondere Farbe und Geschmack von ihm. Sie ist durchchristete Mystik.

«West-östliche Mystik». 1926

Martin Buber
Ich hatte seit 1900 zuerst unter dem Einfluß der deutschen Mystik von Meister Eckhart bis Angelus Silesius gestanden, für die der Urgrund des Seins, die namenlose, personlose Gottheit erst in der Menschenseele zur «Geburt» kommt... Der Mensch erschien mir als das Wesen, durch dessen Dasein das in seiner Wahrheit rühmende Absolute den Charakter der Wirklichkeit gewinnen kann.

«Das Problem des Menschen». 1943

C. G. Jung
Der weltumspannende Geist Meister Eckharts weiß, ohne Wissen, um die indische Urerfahrung so gut wie um die gnostische und ist selbst die schönste Blüte am Baume des liber spiritus (d. h. des freien Geistes).

«Aion». 1951

Friedrich Heer
Die Gestalt des größten deutschen Denkers und religiösen Genies – ein Genie ist etwas anderes als ein Heiliger! – des Mittelalters, das bis zur Gegenwart deutsches Denken und deutsche Frömmigkeit befruchtet hat wie kaum ein anderes vor und nach ihm, schwebt in einem lichten Dunkel. Es ist kein Zufall, daß Katholiken und Protestanten, «Gottgläubige», Theisten und Atheisten, Idealisten und Pantheisten sich auf ihn berufen, ihn als einen der Ihren auf den Schild erheben.

«Meister Eckhart». 1956

Erich Fromm
Eckhart hat den Unterschied zwischen Haben und Sein mit einer Eindringlichkeit und Klarheit beschrieben und analysiert, wie sie von niemandem je wieder erreicht worden ist... Laut Eckhart ist unser Ziel als Menschen, uns aus den Fesseln der Ichbindung und der Egozentrik, d. h. dem Habenmodus, zu befreien, um zum vollen Sein zu gelangen.

«Haben und Sein». 1976

Kurt Ruh
Meister Eckhart ist eine Schlüsselgestalt in der Geschichte der Menschen. Mit ihm oder gegen ihn werden Entscheidungen getroffen, die den Sinn oder Unsinn unserer Existenz betreffen. Das vermag vielleicht keine Generation besser zu begreifen als die unsrige. Über die Jahrhunderte hinweg erschließen sich aus unserer Lebenserfahrung und gegen sie, zunächst merkwürdig fremd, dann plötzlich nah und vertraut, nie erreichbar, aber unerschütterlich wahr, die Worte Meister Eckharts.

«Meister Eckhart». 1985

Bibliographie

I. Werke

1. Auswahlausgabe

FRANZ PFEIFFER: Deutsche Mystiker des 14. Jahrhunderts, Band 2: Meister Eckhart. Leipzig 1857; Neudruck Aalen 1966

2. Kritische Gesamtausgabe

Meister Eckhart: Die deutschen und lateinischen Werke, hg. im Auftrag der Deutschen Forschungsgemeinschaft, Stuttgart 1936 ff.

a) Die lateinischen Werke (LW), hg. von J. KOCH u. a.:

Band 1 (1964): Prologi, Expositio libri Genesis, Liber parabolarum Genesis
Band 2 (1954 ff): Epositio libri Exodi, Sermones et lectionis super Ecclesiasticis c. 24, 23–31, Expositio libri Sapientiae
Band 3 (1936 ff): Expositio S. Evangelii secundum Joannem
Band 4 (1956): Sermones
Band 5 (1936): Collatio, Quaestiones, Parisienses, Sermo Augustini Parisius habitus, Tractatus super oratione Dominica

b) Die deutschen Werke (DW), hg. von J. QUINT

Band 1 (1958): Predigten Nr. 1–24
Band 2 (1971): Predigten Nr. 25–59
Band 3 (1976): Predigten Nr. 60–86
Band 4 i. Vorb.: Restliche Predigten
Band 5 (1963): Traktate:
Buch der göttlichen Tröstung
Vom edlen Menschen
Reden der Unterweisung
Von Abgeschiedenheit

Meister Eckhart: Werke. Hg. von Niklaus Largier. Kommentierte zweisprachige Ausgabe. Bibliothek des Mittelalters, Bd. 20 und 21. Frankfurt a. M. 1993
Werke I: Predigten
Werke II: Predigten, Traktate, Lateinische Werke

3. Prozeßschriften

DANIELS, A. (Hg.): Eine lateinische Rechtfertigungsschrift des Meister Eckhart. Münster 1923 (Beiträge zur Geschichte der Philosophie des Mittelalters, Bd. 23, Heft 5)

THÉRY, G.: Édition critique des pièces relatives au procès d'Eckhart. Paris 1926 (Archives d'histoire doctrinale et littéraire du moyon âge, Bd. 1, S. 219–268)

KARRER, O., PIESCH, H. (Hg.): Meister Eckharts Rechtfertigungsschrift vom Jahre 1326 (Einleitung und Übersetzung). Erfurt 1927

4. Einzelausgaben und Übersetzungen

Meister Eckharts Buch der göttlichen Tröstung und Von dem edlen Menschen (Liber Benedictus), hg. von J. QUINT (Kleine Texte 55). Berlin 1952

BÜTTNER, H.: Meister Eckharts Schriften und Predigten, 2 Bde. Jena 1903; 1934; weitere Auflagen

LEHMANN, W.: Meister Eckhart, Göttingen 1919

SCHULZE-MAIZIER, F.: Meister Eckharts deutsche Predigten und Traktate. Leipzig [3]1938

QUINT, J.: Meister Eckhart. Deutsche Predigten und Traktate. München 1955; weitere Auflagen, u. a. Diogenes Taschenbuch 20642

Eckhart, Tauler, Seuse – Ein Textbuch aus der altdeutschen Mystik, hg. von H. KUNISCH. Hamburg 1958 (Rowohlts Klassiker 31)

Meister Eckhart, hg. von DIETMAR MIETH. Olten–Freiburg i. B. 1979 (Gotteserfahrung und Weg in die Welt)

ALBRECHT, E.: Meister Eckharts sieben Grade des schauenden Lebens. Aachen 1987

Meister Eckhart: Die Gottesgeburt im Seelengrund. Hg. von GERHARD WEHR. Freiburg i. B. 1990 (Herderbücherei 1610)

II. Sekundärliteratur

ACHELIS, WERNER: Über das Verhältnis Meister Eckharts zum Areopagiten Dionysius. (Diss.) Marburg 1922

ALBERT, KARL: Meister Eckharts These vom Sein. Untersuchungen zur Metaphysik des Opus Tripartitum. Saarbrücken 1976

ALBRECHT, ERIKA: Der Trostgehalt in Meister Eckharts ‹Buch der göttlichen Tröstung› und seine mutmaßliche Wirkkraft. (Diss.) Berlin 1953

BACH, JOSEPH: Meister Eckhart, der Vater der deutschen Spekulation. Wien 1864; Frankfurt a. M. 1964

BANGE, W.: Meister Eckharts Lehre vom göttlichen und gesehöpflichen Sein. Limburg 1937

BAYER, H.: Mystische Ethik und empraktische Denkform. Zur Begriffswelt Meister Eckharts. In: Deutsche Vierteljahrsschrift 50 (1976), S. 377–413

BECKMANN, T.: Studien zur Bestimmung des Lebens in Meister Eckharts deutschen Predigten. Frankfurt a. M. 1982
Daten und Anmerkungen zur Biographie Meister Eckharts und zum Verlauf des gegen ihn angestrengten Prozesses. Frankfurt a. M. 1978

BENZ, ERNST: Mystik als Seinserfüllung bei Meister Eckhart. In: Sinn und Sein, ein philosophisches Symposion. Hg. von R. WISSER. Tübingen 1960. S. 399–415
Der Seelengrund bei Meister Eckhart. In: Meditation. Blätter für weltoffene Christen 2 (1976), S. 6–9

BERNHART, JOSEPH: Bernhardische und Eckhartische Mystik in ihren Beziehungen und Gegensätzen. Eine dogmengeschichtliche Untersuchung. Kempten–München 1912

BINDSCHEDLER, MARIA: Meister Eckhart. Vom mystischen Leben. Basel o. J. [1951] Die Trostgründe Meister Eckharts für Agnes von Ungarn. In: Festschrift für F. v. d. Leyen. München 1963

Die unzeitgebundene Fruchtbarkeit in der Mystik Meister Eckharts. In: Festschrift für J. Quint. Bonn 1965

Böhme, Wolfgang (Hg.): Meister Eckhart heute. Karlsruhe 1980 (Herrenalber Texte 20)

Bormann, Karl: Das Verhältnis Meister Eckharts zur aristotelischen Philosophie. In: U. Kern (Hg.), Freiheit und Gelassenheit. München–Mainz 1980. S. 53–59

Bornkamm, Heinrich: Eckhart und Luther. Das Eckhart-Bild der Gegenwart. Stuttgart 1936

Bracken, E. von: Meister Eckhart und Fichte. Würzburg 1943

Meister Eckhart, Legende und Wirklichkeit. Meisenheim 1972

Brethauer, Karl: Die Sprache Meister Eckharts im ‹Buch der göttlichen Tröstung›. (Diss.) Göttingen 1931

Brunner, Fernand: Maître Eckhart. Paris 1969

Le Mysticisme de Maître Eckhart. In: Das einig' Ein. Studien zur Theorie und Sprache der deutschen Mystik. Hg. von A. M. Haas und H. Stirnimann (Dokimion 6). Freiburg/Schweiz 1980. S. 63–86

Degenhardt, J.: Studien zum Wandel des Eckhart-Bildes. Leiden 1967

Meister Eckhart unpolemisch? In: Kant-Studien 66 (1975), S. 466–482

Dehnhardt, E.: Die Metaphorik des Mystikers Meister Eckhart und Tauler in den Schriften des Rulman Merswin. (Diss.) Marburg 1940

Dempf, Alois: Meister Eckhart als Mystiker und Metaphysiker. In: Der beständige Aufbruch. Festschrift für E. Pryzwara. Hg. von S. Belm. Nürnberg 1960. S. 171–178

Denifle, Heinrich S.: Meister Eckharts lateinische Schriften und die Grundanschauung seiner Lehre. In: Archiv für Literatur und Kirchengeschichte des Mittelalters 2 (1886), S. 417–615

Die deutschen Mystiker des 14. Jahrhunderts. Beitrag zur Deutung ihrer Lehrer. Hg. von O. Spiess. Freiburg/Schweiz 1951

Diederichs, Ernst: Meister Eckharts Reden der Unterscheidung. (Diss.) Halle 1912

Dietsche, Bernward: Der Seelengrund nach den deutschen und lateinischen Predigten. In: Nix/Oechslin (Hg.), Meister Eckhart, der Prediger. Freiburg i. B. 1960. S. 200–258

Dümpelmann, L.: Kreation als ontisch-ontologisches Verhältnis (Symposion 30). Freiburg i. B.–München 1969

Ebeling, Heinrich: Meister Eckharts Mystik. Studien zu den Geisteskämpfen um die Wende des 13. Jahrhunderts. (Diss. Rostock) Stuttgart 1941; Aalen 1960

Eberle, J.: Die Schöpfung in ihren Ursachen. Untersuchung zum Begriff der Idee in den lateinischen Werken Meister Eckharts. (Diss.) Köln 1972

Eck, Suzana: Werft euch in Gott. Einführung in Meister Eckhart. Leipzig 2004

Eckert, Willehad: Weg und Gotteserfahrung Meister Eckharts. In: W. Massa (Hg.), Der Ruf nach dem Meister. Große Gestalten der Mystik. Tholey 1979

Eckhart-Rezeption und Umdeutung in der neueren deutschen Literatur. In: U. Kern (Hg.), Freiheit und Gelassenheit. München–Mainz 1980. S. 183–197

Egerding, Michael: Gott bekennen. Strukturen der Gotteserkenntnis bei Meister Eckhart. Interpretationen ausgewählter Predigten (Europäische Hochschulschriften I, Bd. 810). Frankfurt a. M.–Bern 1984

FEUERSTEIN, GEORG: Meister Eckhart und östliche Mystik. In: U. KERN (Hg.), Freiheit und Gelassenheit. München–Mainz 1980. S. 198–219
FISCHER, G.: Geschichte der Entdeckung der deutschen Mystiker Eckhart, Tauler und Seuse im 19. Jahrhundert. Freiburg i. B. 1931
FISCHER, HERIBERT: Grundgedanken der deutschen Predigten. In: NIX / OECHSLIN (Hg.), Meister Eckhart, der Prediger. Freiburg i. B. 1960. S. 25–72
Meister Eckhart. Einführung in sein philosophisches Denken. Freiburg i. B.1974
FLASCH, K.: Die Intention Meister Eckharts. In: Festschrift für B. Liebrucks. Meisenheim 1972. S. 292–318
(Hg.): Von Meister Dietrich zu Meister Eckhart (Corpus Philosophorum Teutonicorum Medii Aevi, Beiheft 2). Hamburg 1984
Meister Eckhart. Die Geburt der «Deutschen Mystik» aus dem Geist der arabischen Philosophie. München 2006
FREI, W.: Was ist das Seelenfünklein bei Meister Eckhart? In: Theologische Zeitschrift 13 (1958), S. 89–100
FRIEDLI, RICHARD: Der Große Tod und das Große Mitleid. Kulturanthropologische Bemerkungen zur Übersetzungsproblematik im Gespräch über Eckhart zwischen Christen und japanischen Buddhisten. In: Das einig' Ein. Hg. von A. M. HAAS und H. STIRNIMANN. Freiburg/Schweiz 1980. S. 87–108
FRÜHWALD, WOLFGANG: Formzwang und Gestaltungsfreiheit in Meister Eckharts Predigt ‹Von dem edlen Menschen›. In: Unterscheidung und Bewahrung. Festschrift für Hermann Kunisch. Berlin 1961. S. 132–146
FUES, WOLFRAM M.: Zur kritischen Edition von Eckharts Predigten. In: Freiburger Zeitschrift für Philosophie und Theologie 25 (1978), S. 224–229
Unio inquantum spes. Meister Eckhart bei Ernst Bloch. In: Das einig' Ein. Hg. von A. M. HAAS und H. STIRNIMANN. Freiburg / Schweiz 1980. S. 109–166
Mystik als Erkenntnis. Kritische Studien zur Meister-Eckhart-Forschung. Bonn 1981 (Studien zur Germanistik, Anglistik und Komparatistik, Bd. 102)
GERHARDT, F. A.: Untersuchung über das Wesen des mystischen Grunderlebnisses. Ein Beitrag zur Mystik Meister Eckharts, Luthers und Böhmes. (Diss.) Greifswald 1923
HAAS, ALOIS MARIA: Nim din selbes wär. Studien zur Lehre von der Selbsterkenntnis bei Meister Eckhart, Johannes Tauler und Heinrich Seuse (Dokimion 3). Freiburg / Schweiz 1971
Meister Eckhart im Spiegel der marxistischen Ideologie. In: Wirkendes Wort 22 (1972), S. 123–133
Meister Eckhart als normative Gestalt geistlichen Lebens. Einsiedeln 1979
Sermo mysticus. Studien zur Theologie und Sprache der deutschen Mystik (Dokimion 4). Freiburg / Schweiz 1979
Meister Eckhart und die deutsche Sprache. In: U. KERN (Hg.), Freiheit und Gelassenheit. München–Mainz 1980. S. 146–168
Geistliches Mittelalter (Dokimion 8). Freiburg / Schweiz 1984
Gott leiden, Gott lieben. Zur volkssprachlichen Mystik im Mittelalter. Frankfurt a. M. 1989
HANSEN, M.: Der Aufbau der mittelalterlichen Predigt unter besonderer Berücksichtigung der Mystiker Eckhart und Tauler. (Diss.) Hamburg 1972
HAUBST, RUDOLF: Nikolaus von Kues als Interpret und Verteidiger Meister Eckharts. In: U. KERN (Hg.), Freiheit und Gelassenheit. München–Mainz 1980. S. 75–96

Hernández, Julio A.: Studien zum religiös-ethischen Wortschatz der deutschen Mystik. Die Bezeichnung und der Begriff des Eigentums bei Meister Eckhart und Johannes Tauler. Berlin 1984 (Philologische Studien und Quellen 105)

Heussi, Karl: Meister Eckharts Stellung innerhalb der theologischen Entwicklung des Spätmittelalters. Berlin 1953

Hödl, Ludwig: Metaphysik und Mystik im Denken Meister Eckharts. In: Zeitschrift für katholische Theologie 82 (1960), S. 257–274

Meister Eckharts theologische Kritik des reinen Glaubensbewußtseins. In: U. Kern (Hg.), Freiheit und Gelassenheit. München–Mainz 1980. S. 34–52

Hof, Hans: Scintilla animae. Eine Studie zu einem Grundbegriff in Meister Eckharts Philosophie. Lund–Bonn 1952

Honold, Helga: Das Buch der göttlichen Tröstung. In: Kindlers Literaturlexikon. Zürich 1965, 1, Sp. 1926f

Hoppe-Schweers, G.: Die Wort- und Begriffsgruppe ‹wandel› in den deutschen Schriften Meister Eckharts, mit besonderer Berücksichtigung der lateinischen Schriften. (Diss.) Münster 1971

Imbach, R.: Deus est intellegere. Das Verhältnis von Sein und Denken bei Thomas von Aquin und in den Pariser Quaestiones Meister Eckharts. Freiburg/Schweiz 1976

Karrer, Otto: Meister Eckhart. Das System seiner religiösen Lehre und Lebensweisheit. München 1926

Das Göttliche in der Seele bei Meister Eckhart. Würzburg 1928 (Abhandlungen zur Philosophie und Psychologie der Religion. Heft 19)

Katann, O.: Meister Eckharts Gleichnis vom Spiegelbild und die Lehre von der Partizipation. In: Jahrbuch für mystische Theologie VII (1961), S. 89–109

Kern, Udo (Hg.): Freiheit und Gelassenheit. Meister Eckhart heute. München–Mainz 1980

Klein, W.: Meister Eckhart. Ein Gang durch die Predigten des deutschen Meisters. Stuttgart 1940

Koch, Josef: Sinn und Struktur der Schriftauslegungen. In: Nix/Oechslin (Hg.), Meister Eckhart, der Prediger. Freiburg i. B. 1960. S. 73–103

Zur Analogielehre Meister Eckharts. In: K. Ruh (Hg.), Altdeutsche und altniederländische Mystik. Darmstadt 1964. S. 275–308

Die theologische Arbeitsweise Meister Eckharts in den lateinischen Werken. In: Miscellanea mediaevalia 7 (1970)

Kritische Studien zum Leben Meister Eckharts. In: J. Koch, Kleine Schriften I. Rom 1973. S. 247–347

Kopper, J.: Die Metaphysik Meister Eckharts. Saarbrücken 1955

Kremer, K.: Meister Eckharts Stellungnahme zum Schöpfungsgedanken. In: Trierer Theologische Zeitschrift 74 (1965). S. 65–82

Kunisch, Hermann: Offenbarung und Gehorsam. Versuch über Eckharts religiöse Persönlichkeit. In: Nix/Oechslin (Hg.), Meister Eckhart, der Prediger. Freiburg i. B. 1960. S. 104–148

Kurdzialek, Marian: Eckhart der Scholastiker. In: U. Kern (Hg.), Freiheit und Gelassenheit. München–Mainz 1980. S. 60–74

Langer, O.: Enteignete Existenz und mystische Erfahrung. Zu Meister Eckharts Auseinandersetzung mit der Frauenmystik seiner Zeit. In: K. O. Seidel (Hg.), So predigent eteliche. Beiträge zu deutschen und niederländischen Predigt im Mittelalter. Göppingen 1982. S. 49–96

Mystische Erfahrung und spirituelle Theologie. Zu Meister Eckharts Auseinandersetzung mit der Frauenfrömmigkeit seiner Zeit. (Habil. Arbeit) Bielefeld 1983
LASSON, ADOLF: Meister Eckhart der Mystiker. Zur Geschichte der religiösen Spekulation in Deutschland. Berlin 1868; Aalen 1968
LIEBESCHÜTZ, H.: Meister Eckhart und Moses Maimonides. In: Archiv für Kulturgeschichte 54 (1974), S. 64–96
Mittelalterlicher Platonismus bei Johannes Eriugena und Meister Eckhart. In: Archiv für Kulturgeschichte 56 (1974), S. 241–279
LINNEWEDEL, JÜRGEN: Meister Eckharts Mystik. Zugang und Praxis für heute. Stuttgart 1983
LÜCKER, MARIA ALBERTA: Meister Eckhart und die Devotio moderna. Leiden 1950 (Studien und Texte zur Geistesgeschichte des Mittelalters. 1)
MANSTETTEN, REINER: Esse est deus. Meister Eckharts christologische Versöhnung von Philosophie und Religion und ihre Ursprünge in der Tradition des Abendlandes. Diss. Freiburg, München 1933
MARGETTS, J.: Die Satzstruktur bei Meister Eckhart. Stuttgart 1969 (Studien zur Poetik und Geschichte der Literatur. 8)
MEERPOHL, F. M.: Meister Eckharts Lehre vom Seelenfünklein. Würzburg, 1926
MENSCHING, GUSTAV: Vollkommene Menschwerdung bei Meister Eckhart. Amsterdam–Leipzig 1942
MIETH, DIBTMAR: Die Einheit von vita activa und vita contemplativa in den deutschen Predigten und Traktaten Meister Eckharts und bei Johannes Tauler. Regensburg 1969 (Studien zur Geschichte der katholischen Moraltheologie. Bd. 15)
Christus, das Soziale im Menschen. Texterschließungen zu Meister Eckhart. Düsseldorf 1972
Meister Eckhart. Authentische Erfahrung als Einheit von Denken, Sein und Leben. In: HAAS/STIRNIMANN (Hg.): Das einig' Ein. Freiburg/Schweiz 1980. S. 11–61
Meister Eckharts Ethik und Sozialtheologie. In: W. BÖHME (Hg.), Meister Eckhart heute. Karlsruhe 1980. S. 42–56
Meister Eckhart. In: Gestalten der Kirchengeschichte. Hg. von MARTIN GRESCHAT. Bd. 4, Mittelalter II. Stuttgart 1983. S. 124–154
Meister Eckhart. Mystik und Lebenskunst. Düsseldorf 2004
MOJSISCH, BURKHART: Meister Eckhart. Analogie, Univozität und Einheit. Hamburg 1983
MORARD, M. ST.: ‹ist›, ‹istic›, ‹istikeit› bei Meister Eckhart. In: Freiburger Zeitschrift für Philosophie und Theologie 3 (1956), S. 169–186
MÖSCH, CAROLINE F.: «Daz disiu geburt geschehe»: Meister Eckharts Predigtzyklus von der êwigen geburt und Johannes Taulers Predigten zum Weihnachtsfest. Fribourg 2006 (Dokimion 31)
MOSER, D. R.: Paralipomena zu Hans Bayers Studie ‹Mystische Ethik und empraktische Denkform. Zur Begriffswelt Meister Eckharts›. In: Deutsche Vierteljahrsschrift für Literaturwissenschaft und Geistesgeschichte 50/1974, S. 406 f.
MÜLLER, M.: Das Seelenfünklein in Meister Eckharts Lehrsystem. Mönchengladbach 1935
NIX, UDO: Der mystische Wortschatz Meister Eckharts im Lichte der energetischen Sprachbetrachtung. Düsseldorf 1963

Nix, U. / Oechslin, R. (Hg.): Meister Eckhart, der Prediger. Festschrift zum Eckhart-Gedenkjahr. Freiburg i. B. 1960

Nolz, H.: Die Erkenntnislehre Meister Eckharts und ihre psychologischen und metaphysischen Grundlagen. (Diss.) Wien 1949

Oechslin, Raphael L.: Maître Eckhart. In: Dictionaire de spiritualité ascétique et mystique Bd. 4 (1958), S. 93–116

Meister Eckhart der Mystiker. In: U. Kern (Hg.), Freiheit und Gelassenheit. München–Mainz 1980. S. 121–126

Oltmanns, Käthe: Meister Eckhart. Frankfurt a. M. 1935; [2]1957

Otto, Rudolf: Meister Eckharts Mystik im Unterschied zur östlichen Mystik. In: Zeitschrift für Theologie und Kirche 6 (1925), S. 325f.; S. 418f.

Pahncke, Max: Untersuchungen zu den deutschen Predigten Meister Eckharts. (Diss.) Halle 1905

Meister Eckharts Lehre von der Geburt Gottes im Gerechten. In: Archiv für Religionswissenschaft 23 (1925), S. 15f.; S. 252f.

Panzik, Erik A.: Gelâzenheit und Abegescheidenheit. Leipzig 2005

Pelayo, L.: Die spekulativ-mystische Einheitsstruktur in Meister Eckharts Seelenlehre. (Diss.) Wien 1960

Pelster, Franz: Ein Gutachten aus dem Eckhart-Prozeß in Avignon. In: Aus der Geisteswelt des Mittelalters. Festschrift für Martin Grabmann 1935. S. 1099–1124

Peters, B.: Der Gottesbegriff Meister Eckharts. Hamburg 1936

Piesch, Herma: Meister Eckharts Ethik. Luzern 1935

Meister Eckhart. Eine Einführung. Wien 1946

Der Aufstieg des Menschen zu Gott, nach der Predigt ‹Vom edlen Menschen›. In: Nix / Oechslin (Hg.), Meister Eckhart, der Prediger. Freiburg i. B. 1960. S. 167–199

Plotzke, Urban: Meister Eckhart der Prediger. In: Nix / Oechslin (Hg.), Meister Eckhart, der Prediger. Freiburg i. B. 1960. S. 259–283

Quint, Josef: Die Überlieferung der deutschen Predigten Meister Eckharts. Bonn 1932

Meister Eckhart. In: Die Großen Deutschen. Hg. von H. Heimpel / Th. Heuss (1935/36). Frankfurt a. M.–Berlin 1983. Bd. I, S. 246f.

Mystik und Sprache. Ihr Verhältnis zueinander, insbesondere in der spekulativen Mystik Meister Eckharts. In: K. Ruh (Hg.), Altdeutsche und altniederländische Mystik. Darmstadt 1964. S. 113–151

Neue Handschriftenfunde zur Überlieferung der deutschen Werke Meister Eckharts und seiner Schule. Stuttgart 1969 (Untersuchungen hg. im Auftrag der deutschen Forschungsgemeinschaft. Bd. 2)

Rahner, Hugo: Die Gottesgeburt. Die Lehre von der Geburt Christi in den Herzen der Gläubigen. In: Zeitschrift für katholische Theologie 59 (1935), S. 333–418

Reffke, E.: Studien zum Problem Meister Eckharts. In: Zeitschrift für Kirchengeschichte 57 (1938), S. 19–95

Roos, H.: Zur Abfassungszeit von Meister Eckharts Trostbuch. In: Orbis litterarum 9 (1954), S. 45–59

Rosenberg, Alfred: Die Religion des Meisters Eckehart. Sonderdruck aus Rosenberg: Der Mythos des 20. Jahrhunderts. Eine Wertung der seelisch-geistigen Gestaltenkämpfe unserer Zeit. München 1934

Ruh, Kurt (Hg.): Altdeutsche und altniederländische Mystik. Darmstadt 1964 (Wege der Forschung XXIII)
Meister Eckhart. In: Die deutsche Literatur des Mittelalters – Verfasserlexikon, Bd. 2. Berlin 1978. S. 327–348
Meister Eckhart und die Spiritualität der Beginen. In: Perspektiven der Philosophie. Neues Jahrbuch 8 (1983), S. 323–334
Meister Eckhart. Theologe, Prediger, Mystiker. München 1985
Schaller, Toni: Die Meister Eckhart-Forschung von der Jahrhundertwende bis zur Gegenwart. In: Freiburger Zeitschrift für Philosophie und Theologie 15 (1968), S. 262–316; S. 403–426; 16 (1969), S. 22–37
Schmoldt, B.: Die deutsche Begriffssprache Meister Eckharts. Heidelberg 1954
Schneider, J.: Stil der deutschen Predigten bei Berthold von Regensburg und Meister Eckhart. (Diss.) München 1942
Schneider, Theophora: Der intellektuelle Wortschatz Meister Eckharts. Berlin 1935
Seeberg, E.: Meister Eckhart. Tübingen 1934
Seppänen, Lauri: Studien zur Terminologie des ‹Paradisus anime intelligentis›. Beiträge zur Erforschung der Sprache der mittelalterlichen Mystik und Scholastik. Helsinki 1964
Seyppel, Joachim: Das Willensproblem bei Meister Eckhart. In: Zeitschrift für deutsche Philologie 83 (1964), S. 307–320
Siegroth, S. von: Versuch einer exakten Stilistik für Meister Eckhart, Johannes Tauler und Heinrich Seuse. (Diss.) Würzburg 1978
Soudek, E.: Meister Eckhart. Stuttgart 1973 (Sammlung Metzler. Bd. 120)
Spann, Otmar: Meister Eckharts mystische Philosophie. Graz 1974
Stephenson, G.: Gottheit und Gott in der spekulativen Mystik Meister Eckharts. (Diss.) Bonn 1954
Stiehl, L.: Meister Eckharts ‹Buch der göttlichen Tröstung›. Studien zur Leidensphilosophie und spekulativen deutschen Mystik. (Diss.) Wien 1955
Stölzel, G.: Zum Nominalstil Meister Eckharts. Die syntaktischen Funktionen grammatikalischer Verbalabstrakte. In: Wirkendes Wort 16 (1966), S. 289–309
Strauch, Philipp: Meister Eckhart – Probleme. Halle 1912
Sturlese, Loris: Homo divinus. Philosophische Projekte in Deutschland zwischen Meister Eckhart und Heinrich Seuse. Stuttgart 2007
Sudbrack, Josef: Die Wahrheit der Geschichte. Zur Interpretation Meister Eckharts. In: Geist und Leben 51(1978), S. 387–393
Meister Eckhart im Gespräch der Theologie. In: Sudbrack, Wege zur Gottesmystik. Einsiedeln 1980. S. 87–134 (Sammlung Horizonte NF 17)
Trusen, Winfried: Der Prozeß gegen Meister Eckhart. Vorgeschichte, Verlauf und Folgen. Paderborn 1988
Udert, I.: Die Paradoxie bei Meister Eckhart und in der Eckhart-Literatur. (Diss.) Freiburg i. B. 1962
Ueda, Shizuteru: Die Gottesgeburt in der Seele und der Durchbruch zur Gottheit. Die mystische Anthropologie Meister Eckharts und ihre Konfrontation mit der Mystik des Zen-Buddhismus. Gütersloh 1965
Der Zen-Buddhismus als Nicht-Mystik, unter besonderer Berücksichtigung des Vergleichs zur Mystik Meister Eckharts. In: Transparente Welt. Festschrift für Jean Gebser. Bern 1965. S. 291–313
Das Nichts bei Meister Eckhart und im Zen-Buddhismus, unter besonderer Be-

rücksichtigung des Grenzbereichs von Theologie und Philosophie. In: Papenfuss / Soring (Hg.), Transzendenz und Immanenz. Stuttgart 1977
Eckhart und Zen am Problem ‹Freiheit und Sprache›. In: Beihefte der Zeitschrift für Religions- und Geistesgeschichte XXXI, Köln 1989, S. 21–92
Völker, L.: Die Terminologie der mystischen Bereitschaft in Meister Eckharts deutschen Predigten und Traktaten. (Diss.) Tübingen 1965
‹Gelassenheit›. Zur Entstehung des Wortes in der Sprache Meister Eckharts und seiner Überlieferung in der nacheckhartschen Mystik bis Jakob Böhme. In: Festschrift für W. Mohr. Tübingen 1972. S. 281–312
Wackerzapp, H.: Der Einfluß Meister Eckharts auf die ersten philosophischen Schriften des Nikolaus von Kues. Münster 1962
Waldschütz, Erwin: Meister Eckhart. Eine philosophische Interpretation der Traktate. Bonn 1978 (Studien zur Germanistik, Anglistik und Komparatistik. 71)
Denken und Erfahrung des Nichts bei Meister Eckhart. In: Wahrheit und Wirklichkeit. Festschrift für L. Gabriel. Berlin 1983. S. 169–192
Denken und Erfahren des Grundes. Zur philosophischen Deutung Meister Eckharts. Wien 1989
Weiss, Bernhard: Die Heilsgeschichte bei Meister Eckhart. Mainz 1965
Weiss, Konrad: Die Seelenmetaphysik des Meisters Eckhart. In: Zeitschrift für Kirchengeschichte 52 (1934), S. 467–524
Meister Eckharts Stellung innerhalb der theologischen Entwicklung des Spätmittelalters. In: Eckhart-Studien 1 (Berlin 1953), S. 29–47
Meister Eckhart der Mystiker. In: U. Kern (Hg.), Freiheit und Gelassenheit. München–Mainz 1980: S. 103–120
Welte, Bernhard: Meister Eckhart als Aristoteliker. In: Philosophisches Jahrbuch der Görres-Gesellschaft 69 (1961/62). S. 64 f.
Meister Eckhart. Gedanken zu seinen Gedanken. Freiburg i. B. 1979
Der mystische Weg des Meisters Eckhart und sein spekulativer Hintergrund. In: U. Kern (Hg.), Freiheit und Gelassenheit. München–Mainz 1980. S. 97–102
Winckler, Eberhard: Exegetische Funktionen bei Meister Eckhart. Tübingen 1965 (Beiträge zur Geschichte der biblischen Hermeneutik. Bd. 6)
Wort Gottes und Hermeneutik bei Meister Eckhart. In: U. Kern (Hg.), Freiheit und Gelassenheit. München–Mainz 1980. S. 169–182
Zapf, Josef: Die Funktion des Paradox im Denken und sprachlichen Ausdruck bei Meister Eckhart. (Diss.) Köln 1966
Meister Eckhart und die mystischen Traditionen des Ostens. In: Meister Eckhart heute. Hg. von W. Böhme. Karlsruhe 1980. S. 57–70 (Herrenalber Texte 20)
Zeller, Winfried: Eckhartiana V. Meister Eckhart bei Valentin Weigel. Eine Untersuchung zur Frage der Bedeutung Meister Eckharts für die mystische Renaissance des 16. Jahrhunderts. In: Zeitschrift für Kirchengeschichte 57 (1938), S. 309–355

Namenregister

Die kursiv gesetzten Zahlen bezeichnen die Abbildungen

Abaelard, Petrus 29
Aertsen, Pieter 90
Agnes von Österreich, Königin von Ungarn 62, 78
Albertus, Magnus (Albert Graf von Bollstädt) 7, 17, 18, 29, 30, *21*
Albrecht I., deutscher König, Herzog von Österreich und König von Böhmen 62
Alexander von Hales 18
Anna von Münzingen 34
Anna von Ramschwag 109
Anselm von Canterbury 46
Aristoteles 7, 17, 46
Augustinus, Aurelius 7, 14, 17, 46, 51, 58, 64, 69f, 97, 115, *59*
Aymerich von Piacenza 33

Baader, Franz Xaver von 112f, *114*
Bach, Joseph 112
Balthasar, Hans Urs von 17, 75
Barth, Karl 125
Basho 128
Behn, Irene 10
Benz, Ernst 114, 126
Berengar von Landoras 34
Bernhard von Clairvaux 17, 29, *16*
Bloch, Ernst 122f, *122*
Boethius, Anicius Manlius Severinus 46, 64
Böhme, Jakob 107, 112, 114f, 116, *105*
Bonaventura (Johannes Fidanza) 14, 18, 29
Bonhoeffer, Dietrich 62
Bonus, Arthur 118
Brunner, Emil 125
Bruno von Köln 112
Buber, Martin 119, *118*
Büttner, Hermann 116, 121

Clemens IV., Papst (Guido Fulcodi) 23
Cognet, Louis 94

Degenhardt, Ingeborg 116
Dempf, Alois 64, 111
Denifle, Heinrich Seuse 115f
Diederichs, Eugen 116, 148
Diego de Acebes, Bischof von Osma 18
Dietsche, Bernward 52
Dietrich von Freiberg 20, 30, 115
Dionysius Areopagita 7, 15, 17 69, *71*
Domin, Hilde 119
Dominicus de Guzmán 18, 20, *21*
Duns Scotus, Johannes 18
Dürckheim, Karlfried Graf 126, *127*

Eckert, Willehad Paul 119
Elsbeth von Beckenhofen 109
Elsbeth von Oye 109
Eriugena, Johannes Scotus 16

Faust, August 126
Fénelon (François de Salignac de La Mothe-Fénelon) 17
Fichte, Johann Gottlieb 112
Fischer, Heribert 49, 78
Franck, Sebastian 116
Franz von Assisi (Giovanni Bernardone) 18, 98, *19, 99*
Freud, Sigmund 120
Friedli, Richard 128
Fromm, Erich 123f, 128, *124*

George, Stefan 119
Gerhard von Sterngassen 20
Gerhards von Podahns 39
Gerson, Johannes (Jean Charlier) 10, 17
Gertrud die Große von Helfta 20
Goethe, Johann Wolfgang von 61
Görres, Joseph von 112
Grabmann, Martin 30

Gregor von Nazianz 16
Gregor von Nyssa 16
Groote, Geert 112
Grundmann, Herbert 22
Grünewald, Matthias (Mathis Nithart) 34
Gurk, Paul 119

Haas, Alois Maria 10, 25, 64, 67, 75, 132, 134
Hadewijch 24
Hammarskjöld, Dag 17
Hegel, Georg Wilhelm Friedrich 112f, 115
Heidegger, Martin 121
Heinrich II., Erzbischof von Köln 37
Heinrich von Halle 20
Heinrich von Mure *57*
Hermann de Summo 39
Hildegard von Bingen 20, *11*
Hoffmann, Franz 113, 115
Hugo von Saint-Victor 17

Jaspers, Karl 121
Jesus 14, 18, 34, 53, 54, 62, 65, 68, 75, 77f, 80f, 86, 87, 90f, 94, 97f, 99, 101, 109, 123
Johann I., Bischof von Straßburg 36
Johannes der Evangelist 14, 17, 24
Johannes vom Kreuz (Juan de Yepes) 17
Johannes von Sterngassen 20
Johannes XXII., Papst (Jacques Duèse) 18, 41, 43, *42*
Jung, Carl Gustav 120f, *120*

Karl IV., Kaiser 62
Karrer, Otto 23
Kierkegaard, Sören 76
Klemens von Alexandrien (Titus Flavius Clemens Alexandrinus) 14
Koch, Josef 37, 42, 49, 111
Kolbenheyer, Erwin Guido 119
Konrad von Halberstadt 41
Konradin, Herzog von Schwaben 26

Lagarde, Paul de (Paul Anton Bötticher) 117
Landauer, Gustav 116, 118f
Laotse 127
Leeuwen, Jan van 104, 110
Lehmann, Walter 117
Lubac, Henri de 69
Luther, Martin 13, 17, 51, 60f, 81, 112, 115, *61*

Maimonides, Moses (Rabbi Mose ben Maimon) 52
Manfred, König von Sizilien 26
Mechthild von Hackeborn 20
Mechthild von Magdeburg 20, 24, 65
Mieth, Dietmar 124
Musil, Robert 119

Natalis, Herveus 34
Neumann, Erich 120
Nietzsche, Friedrich 112
Nikolaus von Kues (Nikolaus Chrypffs) 17, 111f, *111*
Nikolaus von Straßburg 36, 38
Nishida, Kitaro 128, 130
Nishitani, Keiji 128, 130, *129*

Oehl, Wilhelm 23
Oetinger, Friedrich Christoph 114
Ohasama, Schuej 126
Origenes 7, 14, 16, 69, 115, *70*
Otto, Rudolf 125f

Paracelsus, Philippus Aureolus Theophrastus (Theophrastus Bombastus von Hohenheim) 107, 114
Paulus 14, 17, 24, 40, 53, 73, 76, 82
Petri, Adam 112
Petrus Lombardus 30
Pfeiffer, Franz 113, 115
Piesch, Herma 68, 73, 74
Platon 7, 97, *97*
Plotin 7, 65
Porete, Marguerite 24, 36
Preger, Wilhelm 115
Proklos 16

Quint, Josef 35, 53, 56, 68, 73, 80, 96, 132

Radhakrishnan, Sarvepalli 125
Rahner, Karl 17
Richard von Saint-Victor 17
Rosenberg, Alfred 118f
Rosenkranz, Karl 112, 115
Ruh, Kurt 24, 39, 62, 75, 80, 104
Ruusbroec, Jan van 17, 24, 104, 110, *105*

Sachs, Nelly 119
Schlegel, Friedrich 125
Schleiermacher, Friedrich Ernst Daniel 125
Schopenhauer, Arthur 112
Schweitzer, Albert 96

Seneca, Lucius Annaeus 41
Seuse, Heinrich 23, 34, 111, 116, *21, 35, 72*
Shakespeare, William 116
Siegfried III., Bischof von Mainz 28
Singer, Kurt 119
Söderblom, Nathan 125
Sorbon, Robert de 29
Stagel, Elsbeth 34
Steiner, Rudolf 84
Suzuki, Daisetz Taitaro 9, 121, 127, *8*

Tauler, Johannes 17, 20, 23, 34, 79, 111 f, 114, 116
Teilhard de Chardin, Pierre 17
Terese von Ávila (Teresa de Cepeda y Ahumada) 86, *85*
Thomas a Kempis (Thomas Hemerken) 112
Thomas von Aquin 7, 14, 17, 18, 29, 33, 48, 115, *15*

Ueda, Shizuteru 90, 130
Ulrich von Straßburg 20

Vergil (Publius Vergilius Maro) 28

Weigel, Valentin 110, 112, 116
Weil, Simone 17
Welte, Bernhard 121, 131
Wilhelm von Nidecken 39

Über den Autor

Gerhard Wehr, Jahrgang 1931, Dr. theol. h.c., freier Schriftsteller, wohnhaft in Schwarzenbruck bei Nürnberg.

Publikationen (Auswahl): Rowohlt Monographien über Martin Buber, C. G. Jung, Jakob Böhme, Thomas Müntzer, Meister Eckhart. – «C. G. Jung und Rudolf Steiner» (Stuttgart 1998); «Esoterisches Christentum» (Stuttgart, 2. erw. Aufl. 1995); «Spirituelle Meister des Westens» (München 1995); «Jean Gebser. Individuelle Transformation vor dem Horizont eines neuen Bewußtseins» (Petersberg 1996); «Meister Eckhart – Mystische Traktate» (München 1999); «Rudolf Steiner – Zur Einführung» (Hamburg 1994); «Friedrich Rittelmeyer. Religiöse Erneuerung als Brückenschlag» (Stuttgart 1998); «Mystik im Protestantismus» (München 2000); «Kabbala. Jüdische Mystik und Esoterik» (München 2000); «Sie sieben Weltreligionen» (München 2002); «Martin Luther» (München 2004).

Mehrere Titel liegen in europäischen und asiatischen Sprachen vor.

Editorische Arbeiten u. a. am Werk Jakob Böhmes (5 Bände Frankfurt 1992 ff.). – Zahlreiche Beiträge in Enzyklopädien und Sammelwerken.

Quellennachweis der Abbildungen

Archiv für Kunst und Geschichte, Berlin: 6, 16, 22, 44, 45, 57, 63, 79, 83, 110; Scherz Verlag, Bern: 8, 127; Aus: Karl Clausberg, Kosmische Visionen, Köln 1980: 11, 12, 66; Alinari-Giraudon: 15, 19, 59, 99; Foto Marburg: 21; Bildarchiv Preußischer Kulturbesitz, Berlin: 24, 28/29, 31, 35, 42, 85, 114; Sammlung des Autors: 27; Aus: Albertus Magnus, Köln 1981: 32, 40, 92; Aus: Das Hohe Mittelalter, Köln 1988: 38; Universitätsbibliothek Bologna: 47; Staats- und Universitätsbibliothek Hamburg: 50; Kunsthalle Hamburg: 54, 70, 71, 102; Melanchthon-Museum, Bretten: 61; Kloster Zoffingen, Konstanz: 72, 77; Städelsches Kunstinstitut, Frankfurt a. M.: 81; Graphische Sammlung, München: 87; Aus: Arndt-Bruckmann, Griechische und römische Porträts, München 1891: 97; Rijksmuseum Utrecht: 113; Privatsammlung Hamburg: 117; Margarete Fellerer, Ascona: 120; Jüdische National- und Universitätsbibliothek, Jerusalem: 118; Karola Bloch, Tübingen: 122; Thea Goldmann, Zürich: 124; Stadtarchiv Soest: 100; Ullstein Bilderdienst, Berlin: 106; Sammlung Johannes Kohlstrung, Hamburg: 105; Susan Abelin: 129; Steyl Tonbild, München: 130; Aus: C. G. Jung und Richard Wilhelm, Das Geheimnis der Goldenen Blüte, Zürich–Stuttgart 1965: 133; Foto: B. P. Keiser, Braunschweig: 135